한국메노나이트교회연합 여성분과의 사명은 성서 연구, 섬김, 상호 돌봄, 평화사역을 통하여 그리스도를 따르고 여성과 여성그룹 리더십에 힘을 부여하는 일이다.

한국메노나이트교회연합 여성분과의 비전은 세대와 문화와 장소를 초월하여 여성들이 자신의 삶을 나누며 그 이야기를 존중하며 서로를 돌볼 수 있도록 초대하고 그리스도를 따르고 이웃과 사회를 향해 담대하게 예언자적 목소리를 높이는 것이다.

공동체를 위한
시스터 케어 리더십

캐롤린 홀더리드 헤겐, 로다 쉥크 키너

문선주 옮김
MCSK 여성분과 편집

Copyright © 2015 Mennonite Women USA

Original published in English under the title ;
   Sister Care- *Equipping Women for Healing Ministry*
      by Carolyn Holderread Heggen with Rhoda Shenk Keener
Published by Mennonite Women USA. 718 North Main St, Newton, KS 67114, U.S.A.
All rights reserved.

Used and translated by the permission of Mennonite Women USA
Korean Edition Copyright ⓒ 2019 Daejanggan Publisher. in Nonsan, CN, South Korea.

공동체를 위한 시스터 케어 리더십 세미나는
미국 메노나이트 여성분과 위원회와
한국메노나이트교회연합MCSK 여성분과가 함께 합니다

공동체를 위한
시스터 케어 리더십

지은이	캐롤린 홀더리드 헤겐, 로다 쉥크 키너
옮긴이	문선주
공동편집	박민서 이세진
초판발행	2019년 11월 1일
편집처	한국메노나이트교회연합 여성분과
펴낸이	배용하
등록	제364-2008-000013호
펴낸곳	도서출판 대장간
	www.daejanggan.org
등록한곳	충남 논산시 매죽헌로 1176번길 8-54, 101
편집/영업부	전화 (041)742-1424 전송 (041) 742-1424
분류	치유 l 여성 리더십 l 공동체
ISBN	978-89-7071-497-4 03230
CIP제어번호	CIP2019040971

이 책의 한국어 저작권법은 Mennonite Women USA와 단독 계약한 대장간에
있습니다. 기록된 형태의 허락 없이는 무단 전재와 복제를 금합니다.

 값 10,000원

추천의 글

여러 나라의 여성들을 위해 제작된 이번 매뉴얼을 나눌 수 있게 되어 무척 기쁩니다. 이 교재와 시스터 케어 훈련은 여성들이 자신을 하나님의 관점에서 소중하고 가치있게 볼 수 있도록 돕습니다. 캐롤린 헤겐과 로다 키너는 고통과 학대를 경험한 여성을 사역하는 특별한 은사를 가진 자매입니다. 이 훈련은 참가자들이 치유될 뿐아니라 다른 사람을 위한 교사가 될 수 있도록 합니다. 과거에 이 워크샵에 참가한 자매들이 하나님이 의도하신 용기와 힘과 존귀함을 가지고 살아가고자 하는 소망의 빛이 넘치는 것을 보았습니다. 세계 곳곳에 복음을 전하는 로다와 캐롤린이 있다는 것이 참으로 큰 선물입니다.

씬디아피콕, Mennonite World Conference Deacons' Commision 의장, 인도

우리의 현실 속에서 많은 여성들은 가난과 가정 폭력과 도시 폭력을 경험하고 있습니다. 우리는 이런 어려움에 압노뇌지 않을 내석 힘이 필요합니다. 시스터케어 세미나가 제공해 준 가르침과 자원들이 우리가 가정과 교회와 지역사회를 돌보면서도 상호 지지하도록 영감을 주었습니다.

올가피드라산타, 라틴 아메리카 여성 신학자 모임 책임자, 과테말라

치유의 길을 함께 걷길 원하는 여성들에게 얼마나 아름다운 안내인가요! 부드러운 사랑으로 로다와 캐롤린은 우리에게 은사와 상실의 이야기 모두를 어떻게 존중해야 하는지를 보여 주었습니다. 우리는 함께 하면서 혼자 스스로 그리고 서로서로를 더 잘 돌보는 방법을 발견했습니다. 나는 어디에서든지 여성들의 모임에 이 특별한 시스터 케어를 열정적으로 권면합니다.

사라웽어쉥크, 아나뱁티스 메노나이트 신학대학원 총장, 미국

정신 건강의 전문가들인 크리스챤 여성들에 의해 만들어진 이 시스터 케어 자료는 우리와 다른 사람의 상처를 발견하는 도구를 제공합니다. 이 자료는 성경적인 가르침에 기초하고 있으며 전 세계의 교회들에게 중요한 자원이 되고 있습니다.

엘리자베스 소토 알브레흐트, 목사, 미국 메노나이트

교회의 삶에 전적으로 통합된 여성으로서 우리는 상처로부터 치유되고, 낮은 자존감을 흘러 보내며, 우리의 은사를 분별할 필요가 있습니다. 라틴 아메리카의 여성모임이 시스터 케어 매뉴얼로 이 원리들을 적용할 때 치유에 대한 가능성이 열렸고 우리가 서로서로를 도울 뿐 아니라 남성들도 도울 수 있게 되었습니다.

밀카 린드킨스키, 편집인이자 번역자, 우루과이

시스터 케어 매뉴얼은 내가 그들이 크리스챤이든 아니든, 몽 여성들에게 다가가라는, 그리고 그들에게 자유와 사랑과 치유를 경험하는 복음을 전하라는 소명을 알아가는데 도움을 주었습니다.

미미양, 대표, 몽 메노나이트 여성분과, 미국

Sister Care

Equipping Women for Healing Ministry

목··차

소개의 글 … 11

1과. 하나님의 사랑받는 딸
왜 시스터 케어인가? … 16
나는 하나님의 사랑받는 딸 … 20
 * 가면뒤로 숨은 여인 … 26
우리의 부드럽고 연약한 마음 보호하기 … 31
나의 이야기, 하나님의 이야기 … 33

2과. 나 자신과 다른 사람 돌보기
돌보는 사람으로서의 여성 … 40
자기돌봄 … 44
친구를 예수에게 데려갔어요 … 49
함께 하기 … 52

3과. 경청이 치유다
경청의 치유하는 힘 … 60
비밀보장과 공개 … 65
독이 되는 이야기, 약이 되는 이야기 … 67
우리의 이야기를 반복할 것인가? 구원할 것인가? … 69
마음과 생각 보호하기 … 71

4과. 슬퍼하는 자를 돕는 법
상실과 슬픔 … 76
슬픔의 증상 … 83
슬퍼하는 친구를 돕는 법 … 85
변화된 상실감과 슬픔 … 90

축복의 기도 … 94

부록 스트레스레벨 측정을 위한 질문들 … 96
외로움 다루기 … 100
우울증 이해하기 … 103
멘토의 중요성 … 107

소개의 글

개 교회와 지역사회로부터 고통을 경험하는 여성들과 어떻게 의미있는 관계를 맺을 것이며, 또 그들을 어떻게 도울 것인가를 고민하는 크리스챤 여성들의 국제적인 모임에 함께 할 수 있게 되어 너무 기쁩니다. 시스터 케어 세미나는 미국에 있는 각 메노나이트 지역회에서 열렸을 뿐 아니라 인도, 네팔, 과테말라, 볼리비아, 콜롬비아, 파라과이, 아르헨티나, 브라질, 캐나다, 트리니다드와 푸에르토리코와 같은 다양한 나라에서도 개최되었습니다. 앞으로 쿠바와 케냐, 태국 등 그 밖의 여러 나라에서도 많은 여성들을 만날 계획을 가지고 있습니다.

우리는 세계의 여러 나라에 있는 여성들이 직면하는 문제가 거의 비슷하다는 사실을 발견합니다. 신체적 안전 및 성적인 위협에 대한 고민, 교회나 지역공동체 내에서 경험하게 되는 가부장적인 질서와 문화로 인한 낮은 자존감, 가족의 안전과 경제적 안정감에 대한 위협, 상실의 시간, 많은 일들로 인하여 엄두도 낼 수 없는 시간적 여유와 관계에 대한 염원 등등.

그들이 어디에 살든지, 어떤 언어를 사용하든지 간에 여성들의 마음 속에는 비슷한 질문들이 있었습니다 : 내가 정말로 하나님의 사랑받는 자녀인가? 내 삶이 정말로 중요한 가치가 있나? 할 일이 이토록 많은데 나 자신을 돌본다는 것은 사치가 아닌가? 어떻게 일의 한계를 적절하게 구분 지을 수 있을까? 과거의 내 상처를 치유할 수 있을까? 내 코가 석자인데 어떻게 다른 사람들의 문제를 돌아볼 수 있을까? 다른 사람을 돕기 위해 내 삶의 아픔을 사용하는 일이 진실로 가능할까?

이 시스터 케어 세미나는 미국 메노나이트 여성분과 위원회의 코디렉터였던 루스 구엔그리치Ruth Guengerich가 로다와 함께 사역할 때에 만들게 된 것입니다. 우리는 모두 정신건강에 대한 지식을 가진 전문가들이고 교회에 오랜 시간 헌신해 온 사람들입니다. 영적으로 건강하고 성숙한 교회는 하나님의 치유의 사랑을 경험하고 그것을 다른 사람들과 함께 나누는데 있어 가장 좋은 장소라고 믿습니다.

우리는 이 교재가 다른 여성들과 함께 보거나, 교회의 지도자들과 일할 때, 여러분들의 개인적인 성숙에 유용한 도구가 되길 소망합니다. 이 교재가 여성들에 의하여, 여성들을 위해 만들어졌음에도, 이 자료의 많은 부분들은 남성들과도 연관이 있으며 목회상담의 다양한 현장에서 사용될 수 있다고 자신 있게 말할 수 있습니다.

이 자료들은 우리의 삶 속에 계신 하나님의 풍성하신 은혜와 자비를 깨달은 치유의 과정을 통해 나온 것입니다. 삶 속에서 우리를 지지해 준 친구들의 적재적시의 도움에 감사드립니다. 여러분들도 함께 울어 주고 웃어 주며, 여러분의 이야기를 들어주는 좋은 친구들이 있으며 그들의 지지와 격려를 받을 수 있기를 바랍니다. 여러분이 다른 이들과 더불어 귀한 치유의 여정에 함께 하며, 하나님이 창조하신 사람으로 계속 자라가는 큰 기쁨을 누리시길 소망합니다.

모든 이들을 축복하며!

캐롤린과 로다

1과. 하나님의 사랑받는 딸

"주께서 내 속 내장을 창조하시고,

내 모태에서 나를 짜 맞추셨습니다.

내가 이렇게 태어났다는 것이 오묘하고

주께서 하신 일이 놀라워

이 모든 일로 주께 감사드립니다.

내 영혼은 이 사실을 너무나 잘 압니다.

시편139;13, 14 표준새번역

내가 너를 보배롭고 존귀하게 여겨 너를 사랑하였으므로

이사야43:4 표준새번역

당신이 치유의 자리를 향해 나아갈 때,

그곳은 당신 자신이 되기 시작하는 유일한 장소가 될 것입니다.

제임스 밀러와 수잔 컷쉘

하나님께서 우리를 사랑하도록 허락할 때에야

비로소 우리는 다른 사람을 사랑할 수 있게 됩니다.

리차드 로어

왜 시스터 케어인가?

여름만 되면 번쩍거리며 시끄럽게 찾아오는 천둥 번개를 무서워하는 어린 소녀가 있었다. 그 소녀는 특히 밤에 폭풍이 들이쳐서 무서울 때면 엄마 아빠가 자는 방으로 뛰어 들어가서 잠자는 부모를 깨우곤 했다.

소녀의 부모는 이런 일이 있은 뒤에는 다시 잠들기가 쉽지 않았다. 그래서 하루는 소녀의 엄마가 그 아이에게 하나님은 폭풍이 치는 어두운 한 밤중에도 **언제나** 우리와 함께 하신다는 이야기를 들려주었다. "엄마아빠가 자는 곳으로 오지 않아도 돼. 왜냐하면 하나님이 **너가 자는 방**에도 함께 계시기 때문이야." 이렇게 말하면서 엄마는 하나님이 어린 딸과 함께 하신다는 좋은 교훈을 가르칠 수 있는 기회가 되었고, 다시는 그들의 잠을 방해하지 않을 것이라고 생각하면서 만족스러워 했다.

그러나 며칠 뒤에, 다시 폭풍이 몰아칠 때, 어린 소녀는 공포에 질린 얼굴로 부모의 방에 뛰어 들었다. "하나님께서 너와 함께 하신다고 했던 말을 잊은 거야? 엄마아빠에게 올 필요가 없다니깐!" 엄마가 귀찮은 듯 말했다. "엄마 말씀 잘 기억하고 있어요. 그런데 **저는 느낄 수 있는 하나님이 필요하다구요!**"

혼자서 혹은 사랑하는 누군가로부터 상처를 받고 위협감을 느낄 때, 더 이상 좋아질 것이라는 희망이 완전히 사라질 때 우리도 이 어린 소녀처럼 느끼지 않은가? 우리는 하나님이 함께 계시다는 것을 느낄 수 있게 해 줄, 우리를 위해 예수 그리스도의 얼굴과 손이 되어줄 누군가가 필요하다. 서로서로가 필요한 것이다!

우리의 삶에 새겨진 대부분의 깊은 고통은 파괴적인 관계나 중요한 사람과의 이별로부터 온다. 하나님을 사랑하고 서로서로를 깊이 사랑하는 사람들이 모인 공동체 안에서 건강한 관계를 맺으며 서로를 돌볼 때, 마음의 치유가 일어난다는 것은 당연한 일인 것이다.

그렇다. 우리의 문제를 도와줄 전문가를 만나는 일이 중요할 때가 있다. 예를 들어, 건강상의 문제와 정신적인 질병을 가지고 있는 사람이 우울증에 시달리거나 중독증에 빠져 있다면 가능한, 그들은 반드시 잘 훈련된 전문가를 만나야 한다. 또한 어떤 사람이 강간이나 성폭행 혹은 신체적 학대를 경험했다면, 그들의 회복을 위해 어떻게 도와야 할지를 아는 전문가의 경험과 지식을 활용하다는 것은 아주 중요한 일이다.

그러나 살다보면 훈련받은 전문가의 도움을 요청할 정도까지는 아니지만 감당하기 쉽지 않은 다양한 종류의 문제들을 만나기 마련이다. 그럴 때, 우리는 신뢰할 만한 친구나 가족들에게 손을 내밀며 필요한 조언을 구하기도 한다. 또, 어떤 때는 목회자에게 도움을 청하기도 한다. 하지만 대개의 경우 목회자들은 지속적인 상담을 해 줄 시간이 없거나 그런 훈련을 받지 못했다. 뿐만 아니라 목회자들은 전체 회중의 영적인 건강한 삶에 대한 관심이 있어야 하기에 어떤 특정한 한 사람과의 상담에만 매달리다 보면 다른 사람들의 목회적 필요가 있을 때 놓치기 쉬울 수 있다.

그리고 여성의 이야기- 특히 성적인 주제나 성적 학대에 관련된 문제들-를 남성과 나누기에는 한계가 있을 수밖에 없다. 여성이 남성 목회자와 성적으로 관련된 이야기를 한다면 그들 간에는 부적절한 친밀감이 형성될 수도 있다. 목회자들은 상담하는 여성 교인과 어떻게 적절한 간격을 두면서 대화해야 하는지를 잘 모르는 경우가 많다.

한 목회자가 여성 교인과 성적인 문제에 휘말리게 되면 그것은 단지 그 여성과 그의 가족에게만 파괴적일 뿐 아니라 목회자의 결혼생활에도 파괴적인 결과를 가져오고, 더 나아가 전체 교인들에게도 깊은 상처를 입히게 된다. 배우자가 아닌 다른 여성과 성적으로 연루된 목회자의 문제로부터 벗어나는 데는 수년의 시간이 걸리게 된다. 회복을 위해 성도들이 거쳐야 하는 모든 여정은 개인적으로 강간을 당한 희생자들이 거쳐야 하는 고통스런 과정과 여러 면에서 유사한 점이 있다.

교회 안에서 다른 여성들의 문제를 다룰 수 있도록 훈련된 여성들이 있다는 것은 중요한 일이다. 효과적으로 상담하기 위해서는, 치유가 필요한 여성의 삶에 대한 이해가 필요하다. '시스터 케어'는 평신도 여성들이 스스로의 상처를 치유하고 그들 가족과 친구들과 교회의 다른 교우들과 함께 건강하고 자신감 있는 삶을 살 수 있는 새로운 길을 제시하고자 만들어진 것이다.

테이블 대화: 서로 알아가기

1. 어떤 기대를 가지고 오셨나요?

   _____

   _____

   _____

2. 여러분이 속한 교회나 지역 공동체에서 여성들이 느끼는 문제나 경험들은 어떤 것들이 있나요?

   _____

   _____

   _____

   _____

   _____

   _____

나는 하나님의 사랑받는 딸.

시스터 케어는 힘든 시간을 보내는 사람들을 잘 돌보고 그들과 함께 그 시간을 잘 통과하는 법을 배우기 위한 것이다. 그러나 우리 자신에 대한 이야기로부터 시작할 것이며 어떻게 하나님의 딸인 여성으로서 스스로를 어떻게 느끼는가에 대한 이야기도 나눌 것이다.

성경을 읽으면서 하나님께서 여성들을 향하여 가지고 계신 사랑과 관심을 이해하는 것은 중요한 일이다. 이를 통해 여성들로 하여금 자신이 바로 하나님의 사랑받는 자녀라는 사실을 진심으로 깨닫게 된다. 고린도전서 6:19은 하나님께서 우리의 몸을 귀히 여기고 계신다는 것을 알게 해 준다. **"우리 몸은 하나님의 성령이 계시는 성전이다."** 또한 하나님께서는 우리를 창조하시고 어머니의 태 속에 있을 때부터 형태를 만들어 가셨기에 우리의 마음과 생각도 귀히 여기신다. 우리는 하나님에 의해 섬세하고 귀하게 지음을 받았다.

때때로 우리는 자신을 보면서 우리에게 문제가 있고 우리의 몸도 어딘가가 흠이 있다는 것을 본다. TV나 영화에 나오는 이상적이고 아름다운 여성들의 모습과는 사뭇 다르다. 사실은 아니다 할지라도, 살면서 들어온 우리 자신에 대한 부정적인 말들을 기억한다. 우리는 수년간 그 말들을 믿어 왔고 그 말에 의해 영향을 받아 왔다. 50살이 된 어떤 여성은 그녀가 10살 때 들었던 선생님의 말을 잊지 못하고 있다. "넌 아무런 가치도 없는 존재야!"

그 후, 그녀의 나머지 전 인생에 있어서, 자신이 하나님의 사랑받는 딸로 귀한 존재라는 말을 받아들이기 어려웠다.

여성으로서, 남성만큼이나 우리가 하나님의 사랑받는 존재이며 하나님께 중요한 존재라는 것을 믿는 것이 어려운 현실에 살고 있다. 즉, 아들이나 남성이 딸이나 여성보다는 더 가치 있고 중요하다는 세상 문화의 거짓말을 믿음으로, 우리는 하나님을 슬프게 만든다. 창세기 1장의 창조이야기는 이렇게 말하고 있다.

> "하나님이 자기 형상 곧 하나님의 형상대로 사람을 창조하시되 남자와 여자를 창조하시고 그들에게 복을 주시며… 하나님이 지으신 그 모든 것을 보시니 보시기에 **심히 좋았더라**."

어떤 종교적 가르침은 여성들이 남성들 만큼이나 하나님께 존귀한 존재라는 것을 믿기 어렵게 만들었다. 이런 가르침은 하나님이 의도하신 것과는 다른, 잘못된 믿음으로 사람들을 이끌 수 있다.

첫 번째 잘못된 믿음은 하나님은 남자가 여자를 다스리며 여자는 남자들에게 기꺼이 복종하기를 원하신다는 믿음이다. 창세기 3:16-19은 출산의 고통과 남성의 지배는 세상에 죄를 들어오게 한 여자들의 죄로 인한 결과라고 말한다. 이것은 하나님의 계획이나 바램이 아니라 오히려 인간의 관계를 왜곡한 죄의 결과라는 것을 기억하는 것이 중요하다. 남자의 경우, 죄의 결과로 인해 잡초와 엉겅퀴와 싸우면서 열심히 일해야 먹을 양식을 구할 수 있었다. 그렇기에 예수는 하나님의 원래 계획을 회복하기 위하여 오신 것이다. 예수가 남자보다 여자를 더 무시하거나 여자를 보고 남자에게 순종해야 한다고 명령하신 것을 찾아 볼 수 없다. 대신 우리는 예수께서 당시의 문화와 법을 떠나, 남자들과 동일한 가치를 가진 존재로서 여성들을 존중하는 것을 볼 수 있다. 에베소서 5:21에서 사도 바울도 남편과 아내에게 **"서로에게 복종하라"**고 요청하고 있다.

두 번째 잘못된 믿음은 타락을 초래한 하와의 탓으로 인해 여자들이 남자들에 비해 훨씬 속기 쉽고, 그래서 옳고 그름에 대한 판단에 관하여 여성들은 스스로를 신뢰해서는 안 된다는 믿음이다. 이것은 아주 위험한 발상이다. 가정에서 폭력사건이 발생하고 여성이 남성을 신뢰하는 것만큼 사리판단에 대한 자신의 능력을 신뢰하지 않는다면 그녀는 훨씬 더 쉽게 그의 폭력과 학대를 이해해 줄 수 있는 것이라고 여기게 된다. 그녀는 아마도 교회에서 다른 사람들에게 도움을 구하는 것도 어렵게 여길 것이다. 성경을 제대로 본다면, 우리는 아담과 하와 둘다 금지된 실과를 먹었고 둘 다 하나님의 법에 불순종한 책임이 있다는 것을 깨닫게 될 것이다.

세 번째 잘못된 믿음은 여성들로 하여금 자신이 하나님의 사랑 받는 딸이라는 것을 믿는데 어려움을 주는 것으로서, 고난이 그리스도인들의 미덕이라고 믿으며, 특히 여성들이 "고통 받는 종"으로 선택받았다고 생각하는 것이다. 여성들은 종종 남자들보다 큰 고통을 더 잘 참는 편이라고 여겨 왔다.

아마도 여성들이 해산의 고통을 경험한 사람들이기 때문일 것이다. 어떤 여성들은 자신의 고통을 짊어져야 하는 십자가로 이해하거나 그리스도의 고통과 동일시 하며 자신의 고통과 고난을 승화한다.

학대와 폭력에 시달린 어떤 여성들은 남편의 폭력을 인내하는 것이 그리스도의 고난에 동참하는 것이며 천국에서 받을 상급이 쌓인다는 말을 목회자나 다른 기독교인들에게 들었다. 고난에 대한 미화는 우리가 폭력에 순응하도록 만들 수 있다. 여성들을 향한 남성들의 무시와 폭력은 절대로 인간을 향한 하나님의 계획의 일부일 수 없다. 절대로 하나님의 뜻이 아니다.

타인의 죄와 폭력을 유발하는 고통과, 세상에 필요한 변화를 위하여 소망 가운데 받는 고난 사이에는 큰 차이가 있다. 예를 들어, 미국에서 아프리칸 어메리칸들이 권리를 박탈당하며 살던 시절, 버스의 앞 칸은 백인들이 이용할 수 있는 것에 반해, 그들은 항상 버스의 뒷자리에만 앉도록 법이 정하고 있었다. 1955년, 한 버스기사가 흑인인 로사 파크에게 백인의 좌석이 꽉 찼으니 흑인 좌석에 앉아 있던 그녀에게까지 자리를 백인에게 양보하라고 요구했다. 로사는 거절했고, 그 결과로 그녀에게 고난이 있을 것이라는 것을 알았다. 실제로 그러했다. 그녀는 체포되었고 지역 백화점에서 재봉사로 일하는 그녀의 일자리도 잃게 되었다. 그러나 이것은 인종 간의 평등과 정의라고 하는 더 큰 선을 위해 그녀가 기꺼이 지불하는 몫이었다. 그녀는 미국에서 현대 시민운동과 인종차별에 대한 저항의 강력한 상징이 되었다.

이것은 할아버지가 어린아이를 성추행하여 받는 고통과 혹은 남편이 화가 나서 아내를 폭행해서 받는 고통과는 매우 다르다. 가해자가 자신의 죄된 일을 그만 두고 회개하여 자신의 행동을 변화시켜, 다른 어린이와 여성들을 보호하기 위한 중재자가 되지 않는다면 이러한 고통에서는 어떤 선한 것도 나올 수 없다.

경건한 남성들은 존경과 경의를 표하며 아내와 다른 여성들을 대한다. 이들처럼 여성들을 평등과 존경심을 가지고 대해야 한다고 믿는 남성들은 교회에 선물 같은 존재들이다. 어떤 남성들은 성평등을 강하게 주장하며 그 일에 중요한 역할들을 하고 있다.

여자들과 어린아이 그리고 공동체에서 가장 미약한 자들에게 좋은 소식이 될 수 없는 종교적 가르침은 예수님이 우리에게 전하여 주신 진리가 아니다. 예수는 "**우리에게 생명을 주시고 더 풍성케 하기 위하여 오셨다** 요10:10"라고 말씀하신다. 이것은 교회가 하나님의 말씀과 부합한 삶을 살고 있는지를 가늠할 수 있는 좋은 잣대가 될 것이다. 그 가르침이 모든 사람들의 삶에 기쁨과 소망과 용기를 불어 넣어 주고 있는가?

하나님의 딸로서 스스로의 가치를 믿는다는 것은 다른 사람을 만나 그들을 사랑하고 돌볼 때 아주 중요한 역할을 한다! 만약 내가 사랑받는 소중한 존재라는 것을 느끼지 못 한다면 나는 다른 사람을 돌보는 일과 다른 이들이 하나님의 관점에서 사랑받는 소중한 존재로 깨달을 수 있도록 돕는 일을 하기 어려울 것이다. 우리가 하나님의 사랑받는 자녀라는 것을 알 때, 비로소 다른 하나님의 자녀들을 사랑할 수 있게 된다.

　요한복음 4:1-42에 보면 우물가에서 사마리아 여인을 만나는 예수님에 대한 이야기가 있다. 흥미롭게도 이 여인과의 만남은 성경에 등장하여 예수님과 대화를 나누는 어떤 사람들의 이야기들 중에서 가장 긴 장면으로 기록되어 있다. 이 사실은 동네 사람들이 이 여인을 "존중받을 사람"과는 동떨어진 부끄러운 여인으로 대한 것과는 달리 예수님께서는 하나님의 소중한 딸로서 그녀를 대하고 있다는 것을 보여준다.

가면 뒤로 숨은 여인

요한복음 4:1-42에 기초한 예배를 위한 독백 worship monologue
- 메간 라리사와 로다 쉥크 키너

저는 오늘도 여느 평범한 날 중의 하루라고 생각했어요. 물을 뜨러 우물가로 갑니다. 그것도 가장 뜨거운 정오에….

그 시간만이 나와 내 삶을 수치스럽게 여기는 다른 여인네들의 눈빛을 피할 수 있기 때문이죠.

그런데, 오늘은 우물에 저 혼자가 아니였어요. 낯선 남자가 거기 있었습니다. 유대인 남자였죠. 저는 그가 나를 볼 수 없도록 머리를 푹 숙였습니다. 그런데 그가 나에게 말을 걸었습니다.

"저에게 물 좀 줄 수 있겠습니까?"

저는 너무 놀라 쳐다보았습니다. 내가 잃을게 더 이상 무엇인가? 그에게 응대하기로 했습니다.

"왜 유대인으로서 사마리아인인 저에게 물을 달라고 하시나요?"

그는 대답도 없이 "생수"에 관한 이야기를 시작했습니다.

저는 궁금해서 그에게 물었습니다.

"당신은 물 긷는 그릇도 없는데다 우물은 깊은데 어떻게 이 물을 마실려고 한건가요?"

그는 계속 말을 이어 갔습니다. '우리가 이 우물에서 퍼온 물을 먹으면 계속 목 마를 것입니다.' 물론 나도 아는 사실이죠!

그는 연이어 말했습니다.

"내가 주는 물을 마시는 사람은 다시는 목마르지 않을 것입니다."

다시는 목마르지 않다. 이 뜨거운 한낮에 물을 퍼 나르지 않아도 된다!

나는 "그 물을 저에게 주세요."라고 간청했습니다.

그 순간, 저는 그의 대답에 기겁을 했습니다.

"가서 당신의 남편을 불러 오세요."

나의 남편. 슬프고 부끄러운 맘이 저를 짓눌렀습니다. 이 사람이 어떻게 알았을까? 저는 머리를 쳐들었고 몹시 화가 났습니다.

"저는 남편이 없어요."

그의 목소리는 차분했고 계속해서 말했어요. "당신 말이 맞아요. 당신은 5명의 남편이 있었구요. 지금 있는 사람은 당신의 남편이 아니예요."

저의 얼굴은 석고를 쓴 가면처럼 굳어졌습니다. 저는 그가 내 고통을 보지 않길 원했어요. 그래서 나를 감추고 싶을 때 늘 하는 것처럼, 주저리주저리 말을 늘어놓기 시작했습니다.

말을 하고 또 하고 또 했습니다. 저는 우리 조상들이 예배하던 장소인 산에 관한 이야기를 그에게 했습니다. 그는 내가 뭔가를 숨기려고 한다는 것을 모르는 것 같았어요. 저는 오실 메시야에 대해서도 그에게 물었어요.

그는 "내가 그 메시야입니다"라고 말하는 거예요.

메시야! 내가 메시야를 만났다니. 이 분은 나의 모든 것을 알고 있었고 저에게 자기가 누구인지도 말해 주다니요. 그가 나를 신뢰한다는 말 인거죠! 저는 그의 눈빛을 보며 그 눈빛에 투영된 저를 보았습니다.
그래요, 분명 그의 눈은 이웃들이 나를 쳐다보던 그 눈빛과는 달랐어요. 갑자기 온 몸에 기쁨이 번져가는 것을 느꼈고 내 얼굴의 가면이 부서져 나갔습니다.
제 상처에 강함과 아름다움이 있고 내 부서진 삶에 대한 목적이 있었던 거예요.
저는 있는 모습 그대로 사랑받고 있습니다.

지금 바로 이 순간, 이것이 바로 그가 말했던 생수라는 것인가요?
저는 지금 용솟음치듯 흘러넘쳐 온 땅에 흐르는 것 같은 기쁨이 제 안에 넘치는 것을 느낍니다. 저는 누군가에게 -모두에게- 제가 만난 사람이 누군지를 말해야 합니다. 내게 어떤 일이 일어난 것인지 말해야 합니다.

저는 가지고 온 물동이를 그대로 둔 채, 마을로 뛰어 갑니다.
저의 가면도 함께 남겨둔 채….
더 이상 그것이 제게는 필요하지 않습니다.
아마 저의 진짜 이야기가 그에 대한 진실을 드러낼 것입니다.
아마도, 이웃들도 진정 목말랐을 것입니다.

예수님을 만난 후에 그녀의 삶이 얼마나 변하였겠는가! 이 여인은 있는 모습 그대로 사랑받을 수 있다는 것을 깨달은 후에 놀랍게 변화되었다. 예수님은 다섯 명의 전 남편을 비롯한, 그녀의 진짜 삶에 대하여 대화를 나누셨다. 나는 종종 이런 생각을 해본다. 비록 5명의 남편을 가지고 있지는 않지만, 만약 예수님이 나와 함께 이야기하신다면, 나에게도 부끄러움으로 인해 절대로 말하고 싶지 않은, 적어도 5가지의 수치가 있다는 것을….

예수님은 그 여인을 있는 그대로 사랑하셨지만 동시에 그녀가 변화되어야 할 모습에 대한 소망도 품고 계셨다. 그녀가 예수님을 떠났을 때, 그녀는 부끄러움과 죄책감에 더 이상 시달리지 않았다. 이제 고귀한 하나님의 사랑받는 자녀로서 자신의 가치를 알게 되었다. 이제 그녀는 기쁨으로 충만했고, 그 기쁜 소식을 다른 사람에게 알리고 싶어 했다. 우리는 그녀를 첫 번째 기독교 선교사로서 여길 수 있는 것이다.

우리의 부드럽고 연약한 마음 보호하기

우리는 죄로 인해 일그러진 세상에 살고 있고, 죄의 영향력에 의해 상처 입고 손상된 사람들에 의해 길러졌으며, 그런 사람들에게 둘러 싸여 있다. 우리는 어린 시절부터 사랑받는 하나님의 귀한 딸이라는 것을 느낄 수 없도록 자라났다. 그 결과, 다른 사람들이 우리 속에서 일어나는 생각이나 마음을 알게 된다면 우리를 받아들이고 사랑하지 않을 것이라고 생각하게 되었다. 반드시 착해야만 하고 그렇지 않다면 하나님은 우리를 용납하지 않으실 것이라고 생각한다. 그래서 우리의 마음은 슬프고 방어적이 되어, 어렸을 때부터 우리의 진짜 생각과 느낌을 숨기는 것과 우리가 진짜 누구인지를 다른 사람들이 알지 못하도록 안간힘을 쓰며 살고 있다.

연약한 마음을 보호하기 위하여, 때때로 우리의 얼굴은 진정으로 느끼고 있는 감정을 숨기기도 한다. 혹은 진짜 생각하고 있는 진실을 말하지 않기도 한다. 혹은 우리가 한 일이나 경험에 대해 다른 사람들이 수치스럽다고 여기거나, 우리를 거절할까봐 지레 겁먹고 자신의 개인적인 이야기를 필사적으로 감추려고 한다. 이것은 우리 안에서 일어나는 진짜 느낌을 들킬까봐 "가면"을 쓰는 것이라고 생각한다. 그리곤, 마치 다른 것을 느끼는, 내가 아닌 다른 사람이 된 것처럼 행동하기도 한다. 우리는 이렇게 부드럽고 연약한 마음을 보호하는 것이다.

가끔은 그 가면이 우리 자신이 진짜 누구인지 정직하게 대면할 수 있는 기회를 박탈한다. 그 가면들은 우리가 경험했던 뼈아픈 경험들을 정직하게 대면하는 것을 막고 치유 받을 수 있는 기회를 더 힘들게 만든다.

치유되지 않은 경험과 과거로부터 받은 상처는 더 깊은 고통과 우울감과 분노를 끊임없이 유발한다. 우리는 마치 그런 일이 없었던 것처럼 행동해 보지만 이러한 상처는 여전히 감정적인, 간혹 육체적인 고통을 일으킨다. 과거로부터의 치유되지 않는 고통은 우리에게서 현재를 살아가는 에너지와 기쁨을 앗아가며 우리가 다른 사람을 치유하기 위해 도울 수 있는 기회를 막는다.

만약 우리가 다른 사람을 치유하기를 원한다면 먼저 우리 자신의 개인적인 경험을 이야기하는 데서부터 출발하는 것이 중요하다. 삶이 행복했고 하나님의 은혜와 사랑을 깨달았던 시간을 기억해 낼 수 있을 것이다. 반대로 우리에게 큰 고통과 슬픔을 주었던 경험을 기억하기도 하고 하나님이 멀리 계셔서 침묵하시며 우리의 고통을 방관하시는 것처럼 보이는 순간도 기억하게 될 것이다.

만약 이런 어려운 시간들로부터 치유된 경험이 있다면 우리는 그 치유의 경험을 통해 깨달은 것을 가지고 어떻게 다른 사람들을 도와야 할지 알게 될 것이다. 여전히 수치심과 고통을 가져다주는 힘든 경험이 있다면 어떤 도움이든지 요청해 보고 치유를 경험하는 것이 중요하다. 그래야 우리의 삶을 즐겁게 영위할 수 있으며 다른 사람을 도울 수 있다.

테이블 대화: 가면 뒤로 숨은 여인

1. 예수님께서는 우물가의 여인이 스스로를 하나님의 귀한 딸이라는 것을 깨닫도록 어떻게 도우셨나? 당신은 왜 예수님께서 그녀의 당황스런 실제 이야기를 언급하셨다고 생각하는가?

   _____
   _____

2. 하나님께서 당신이 다른 사람을 돕고 소명과 선교를 향하여 더 나아갈 수 있도록 아픈 경험을 어떻게 사용하셨는지 생각해 보라. 혹은 다른 사람의 삶 속에서 이와 같은 일이 일어나는 것을 본 적이 있는가 생각해 보라.

   _____
   _____

3. 하나님께서 남자와 여자를 모두 귀히 여기신다는 믿음은 우리에게 어떤 영향을 주는가?

   _____
   _____
   _____
   _____

토론을 위한 예들:

a. 만약 어떤 여자가 항상 남자에게 복종해야 한다고 믿는다면 가정에서 발생하는 폭력을 어떻게 수용할 것 같은가? 혹은 남자에게 복종해야 한다는 믿음을 가진 남자가 여성에 대한 자신의 폭력과 학대를 어떻게 정당화하겠는가?

_____

_____

_____

b. 어떤 사람이 인간의 타락을 초래한 하와 탓에 여성은 남자들에 비해 속기 쉬운 존재이며 도덕적으로 열등한 존재라고 믿는다고 하자. 이런 믿음은 여성이 스스로에 대한 옳고 그름에 대한 판단을 신뢰할 수 없도록 어떤 식으로 조장하고 있는가?

_____

_____

_____

나의 이야기, 하나님의 이야기

성경은 평범한 사람들에 대한 이야기로 가득하다. 하나님께서 그들의 삶에 개입하실 때 그들은 보통 평범한 사람이었다. 우리는 이런 이야기를 거룩한 말씀으로 여긴다. 그렇기에 우리가 자신의 삶을 진지하게 여기고 하나님의 일하심을 발견할 때, 우리의 이야기도 거룩한 이야기가 될 수 있다. 우리가 다른 사람들의 이야기를 듣고 하나님의 임재와 일하심에 대하여 들었다면 그것도 거룩한 일이 되는 것이다.

우리 각자는 한 번의 삶을 산다. 비록 그것이 힘겨울지라도 그 삶은 귀중하다. 여자로서 우리는 다른 사람들을 돌보느라 너무 정신이 없고 분주하여 정작 자신의 삶에 대해 생각할 에너지와 시간을 허락하지 않는다. 우리는 스스로에게 "나의 한번 뿐인 소중한 삶을 어떻게 하면 좋을까?" 생각할 기회를 주지 않는다. 보잘 것 없는 개인적인 나의 이야기가 어떻게 하나님의 큰 이야기에 부합될 수 있을지 생각해 볼 엄두도 내지 않는다.

우리 인생 굽이굽이의 이야기들에 이름을 붙여 주고 그 이야기를 살피는 일을 두려워할 필요가 없다. 하나님은 완벽한 재활용의 대가이시며, 그분의 자비와 은혜 안에서는 쓸모없는 것은 없다. 심지어 우리의 가장 나쁜 죄나 가장 부끄러운 실수나 가장 큰 슬픔일지라도. 하나님은 이것을 용서하시고 치유하실 뿐만 아니라 이를 사용하여 다른 이를 위한 더욱 효과적인 치유자로 삼아주신다.

실습: 내 삶의 이야기

이제 당신의 이야기를 할 차례이다. 이야기들을 기억하고 생각함에 따라 더 많은 것들이 떠오르면 현재와 과거를 여행할 수도 있다. 여기 두 가지 방법이 있다. 가장 편안하고 재미있을 것 같은 방법을 이 중에서 고르면 된다. 당신의 인생을 돌아 볼 수 있는 이 기회를 즐기시라.

1. 인생 타임 라인

긴 종이 위에다 인생의 그림을 디자인해 보자. 당신의 삶을 생각하고 어떻게 4-6 구간으로 나눌 지를 고민해 보라. 종이를 몇 구획으로 나누라. 각 구간은 인생의 한 챕터가 된다. 각 구간에 제목을 붙이라. 예를 들면 유아시절, 초등학교시절, 사춘기, 청년기 등등. 글자를 사용하거나, 그림을 사용하거나 둘 다 사용해도 좋다.

- 각 구간에서 일어난 중요한 일들을 생각하고 그 인생 이야기를 타임라인의 알맞은 시간대 위에 적어 놓으라.
- 인생의 각 구간에서 어떤 것들이 축복이었고 특별하게 좋은 경험이 되었는가? 인생 타임라인에 그것들을 적어 놓으라.
- 인생의 각 구간에서 경험한 슬픈 일, 이별, 혹은 트라우마 같은 일은 무엇이었나? 인생타임라인에 그것들을 적어 놓으라.

나중에, 인생에 대해 생각할 시간을 더 갖게 될 때, 인생 타임라인에 추가하고 싶은 것들이 더 생각날 것이다.

- 인생의 각 시기마다 당신에게 있어서 "예수님의 얼굴"을 본 듯 했던 사람은 누구이며, "만질 수 있는 하나님"과 같은 사람은 누구였나?
- 당신은 인생의 어느 부분에서 하나님의 은혜, 보호, 사랑과 같은 특별한 느낌을 느껴볼 수 있었나?
- 여전히 당신의 인생에서 치유가 필요한 부분이 있는가?
- 인생의 각 시기마다 특별하게 다가온 의미 있는 말씀 구절들이 있었나? 혹은 특별하게 당신의 마음에 다가온 노래나 찬양들이 있었나?

2. 인생의 강물

인생에 대해 생각할 수 있는 또 다른 방법은 그 인생을 강으로 생각하는 방법이다. 물은 가끔은 부드럽고 잔잔하게 흐른다. 가끔은 돌아가야 할 큰 바위와 장애물을 만나기도 한다. 또 가끔은 산산이 부서지는 엄청난 양의 극적인 낙하수가 되기도 한다. 당신은 글이나 간단한 그림으로 이것을 표현할 수 있다.

제1과의 중요개념 복습

1. 나는 하나님의 소중한 사랑받는 딸이다. 하나님은 나를 사랑하시고 나를 있는 그대로 받아 주신다.
2. 다른 사람을 치유하는 일을 돕고자 한다면 나 자신의 치유부터 시작해야 한다.
3. 하나님과 하나님을 느끼게 해주는 친구들의 도움을 입고 내 자신의 이야기를 존중하고 가지고 있던 상처를 변화시킴으로 치유가 일어난다.
4. 나의 치유의 여정은 자신을 가르치며 다른 사람을 돕는 법을 알려 준다.

결론

　인생에 대해 생각해 볼 수 있었던 시간이 좋은 경험이 되었길 소망한다. 여성으로서, 우리는 인생을 좀 더 진지하게 생각하고 인생이 하나님으로부터 온 귀한 선물인 듯 다루어야 할 필요가 있다. 잠시 멈추어 서서 우리의 인생 이야기를 생각할 때, 이 경험은 우리가 어떻게 여성으로서 지금의 자신이 되었는지를 이해하도록 도울 것이다. 또한 우리 삶 속에 숨어 계신 듯하지만, 활발하게 일하시는 하나님의 존재를 깨달을 수 있도록 도울 것이다. 이것은 하나님의 존재와 우리에게 주신 많은 은사와 은혜를 인식하지 못하거나 하나님을 잊어버리는 영적인 기억상실증을 예방해 줄 것이다.

　우리가 삶에 귀 기울일 때, 하나님의 많은 축복에 감사할 수 있게 될 뿐 아니라 여전히 하나님의 치유의 손길이 필요한 부분이 있다는 것을 알게 될 것이다. 무엇이 우리로 하여금 상처로부터 치유되게 하였으며 지금의 나 자신이 될 수 있게 도왔는지 생각할 때, 우리는 다른 사람을 어떻게 도울 수 있으며 그들에게 어떻게 예수님의 형상과 손길이 될 수 있는지, 상처받은 사람들에게 "느낄 수 있는 하나님"이 될 수 있는 법을 알게 된다.

기도:

사랑의 하나님, 인생이라는 선물에 감사를 드립니다. 우리 각 사람이 하나님의 사랑받는 소중한 딸인 것에 감사드립니다. 우리가 이것을 기억하고 하나님이 우리를 얼마나 사랑하시는지를 알아 가는데 기쁨과 안전감을 발견하도록 도와주소서. 삶 속에서 하나님의 사랑과 임재를 더 많이 깨달을 수 있도록 하소서. 이 치유의 길을 다른 이들과 함께 갈 때 하나님께서 주시는 힘과 지혜를 더 많이 깨닫도록 도와주소서.

사랑하는 구주이자 친구이신 예수님의 이름으로 기도합니다. 아멘.

2과. 나 자신과 다른 사람 돌보기

예수께서 그에게 말씀하셨다.

"네 마음을 다하고, 네 목숨을 다하고, 네 뜻을 다하여

주 너의 하나님을 사랑하여라 하셨으니

이것이 가장 중요하고 으뜸가는 계명이다.

둘째 계명도 이것과 같은데: 네 이웃을 네 몸같이 사랑하여라 한 것이다."

마태복음 22장 37-39절 표준새번역

다른 사람을 돌보는 가장 건강한 방법은 당신 자신을 돌보는 것이다.

제임스 밀러

"우리의 램프가 계속 불타오르기 원한다면,

반드시 기름을 계속하여 부어주어야만 한다."

마더 테레사

돌보는 사람으로서의 여성

어렸을 때부터, 대부분의 여성들은 다른 사람을 돌보도록 배웠다. 세계 어디를 가도 어린 소녀들의 가장 좋아하는 놀이 중의 하나는 인형놀이이거나 소꿉장난이다. 나는 난민캠프에 사는 어린 소녀들이 막대기에다가 얼굴을 그리고 그것으로 인형놀이를 하는 것을 보아왔다. 또 다른 아이들은 돌맹이들이 음식인양 가지고 놀면서 상상 속의 사람들을 대접하는 것을 보기도 했다. 물론 많은 소녀가 나무타기를 좋아하고 공놀이를 즐긴다. 그러나 대부분의 경우 이런 것들은 "남자아이들의 놀이"라고 여기며 여자아이들이 이렇게 노는 것을 말리곤 한다.

많은 여성들은 이미 어린 시절에 자신들의 주요한 역할이 다른 사람들을 돌보는 것이며, 자신들의 관심이나 필요는 덜 중요한 것으로 이해하도록 배워왔다. 다른 사람을 돌보는 것은 중요하고 아름다운 일이다. 그러나 다른 사람에게 초점을 맞춘 돌봄은 자신의 필요와 관심과 영적인 부르심을 무시한 채로 이상적인 크리스챤이 될 수 있다라고 느끼게 과장될 수 있다는 것이다. 어떤 사람들은 자신을 소진시켜가며 다른 사람의 필요를 위해 고생하는 일로 항상 다른 사람을 도울 수 있는 존재가 되는 것이 경건한 일이라고 믿기도 한다.

예수는 "너의 이웃을 사랑하고 너의 필요는 전적으로 무시해라"라고 말씀하시지 않으셨다. 그는 우리에게 우리가 자신을 사랑하는 것처럼 우리의 이웃을 사랑하기를 부탁하셨다. 만약 우리 자신을 사랑하지 않는다면 하나님께서 원하시는 방식으로 다른 사람을 사랑할 수 없을 것이다. 우리 스스로를 사랑하지 않고 돌보지 않는다면 다른 사람을 사랑하는 것은 어려운 일이 된다.

다른 사람을 돌보는 일은 대가가 따른다. 이것을 **긍휼의 피로** 혹은 **돌보는 자의 피로**라고 부른다. 이것은 다른 사람을 오랜 시간 돌보거나 고통당하는 자를 도울 때 육체적으로 감정적으로 그리고 영적으로 지불해야 하는 값이 된다. 긍휼의 피로나 돌보는 자의 피로의 몇 가지 증세는 육체적인 고갈, 소망의 상실, 유머감각의 상실, 증가하는 걱정이나 분노, 깊은 슬픔 그리고 하나님께 버림받은 듯한 느낌 등이다.

우리가 자신의 필요를 돌보지 않은 채 다른 사람에게 주기만 하면 우리는 가스를 공급하지 않은 자동차와 같을지 모른다. 하나님께서 우리에게 주신 몸과 영혼은 돌봄을 필요로 한다. 그렇지 않으면 슬픈 결과들이 따르게 된다. 우리 자신을 돌보는 것은 이기적인 것이 아니다. 마더 테레사가 켈커타에서 함께 살고 일하는 사람들에게 종종 말했던 것을 기억해 하라: **"램프가 계속 불타오르길 원한다면 반드시 램프에 기름을 계속하여 부어주어야만 한다."**

테이블 대화: 예수와 자기 돌봄

예수님은 하나님과 특별한 관계를 누리셨고 인성과 신성을 겸비하신 분이셨으나 자신을 돌보는 시간을 잊지 않으셨다. 그는 사역의 요구를 충족시키기 위해 자신이 무엇을 해야 하는지를 알고 계셨다.

마가복음 1장 35-45절을 읽으라. 예수님께서 자신과 개인적인 필요를 살피지 않는가를 보라. 이 구절들에서 예수님 자신을 돌보기 위해 무엇을 하시는지 보라.

> 아주 이른 새벽에, 예수께서 일어나서 외딴 곳으로 나가셔서, 거기에서 기도하고 계셨다. 그 때에 시몬과 그의 일행이 예수를 찾아 나섰다. 그들은 예수를 만나자 "모두 선생님을 찾고 있습니다" 하고 말하였다. 예수께서 그들에게 말씀하셨다. "가까운 여러 고을로 가자. 거기에서도 내가 말씀을 선포해야 하겠다. 나는 이 일을 하러 왔다." 예수께서 온 갈릴리와 여러 회당을 두루 찾아가셔서 말씀을 전하고, 귀신들을 쫓아내셨다. 나병 환자 한 사람이 예수께로 와서, 그 앞에 무릎을 꿇고 간청하였다. "선생님께서 하고자 하시면, 나를 깨끗하게 해주실 수 있습니다." 예수께서 그를 불쌍히 여기시고, 손을 내밀어 그에게 대시고 말씀하셨다. "그렇게 해주마. 깨끗하게 되어라." 곧 나병이 그에게서 떠나고, 그는 깨끗하게 되었다. 예수께서 단단히 이르시고, 곧 그를 보내셨다. 그 때에 예수께서 그에게 말씀

하셨다. "아무에게도 아무 말도 하지 말아라. 가서, 제사장에게 네 몸을 보이고, 네가 깨끗하게 된 것에 대하여 모세가 명령한 것을 바쳐서, 사람들에게 증거로 삼도록 하여라." 그러나 그는 나가서, 모든 일을 널리 알리고, 그 이야기를 퍼뜨렸다. 그러므로 예수께서는 드러나게 동네로 들어가지 못하시고, 바깥 외딴 곳에 머물러 계셨다. 그래도 사람들이 사방에서 예수께로 모여들었다.

1. _____
   _____

2. _____
   _____

3. _____
   _____

4. _____
   _____

자기돌봄

자기돌봄이란 스스로를 돌보기 위해 기름을 채우는 것이고 우리 스스로에게 연료를 보급하는 건강한 일인 것이다. 보통 이러한 내용을 포함한다 :

- 건강에 좋은 음식과 깨끗한 식수.
- 필요시 의료적 케어.
- 충분한 수면.
- 몸에 나타나는 스트레스의 증상을 알기.
- 스트레스 감소방법을 알기.
- 운동과 신체적인 활동.
- 의미있는 영적인 활동.
- 도움을 제공하는 친구들.
- 필요나 다른 사람들의 기대와 관계없이 종종 기쁨과 즐거움을 주는 오락들

우리 몸에 나타나는 스트레스 알아차리기

우리의 몸은 우리를 위한 중요한 선생이자 가이드일 수 있다. 그러기에 우리는 몸이 우리에게 전하는 메시지에 주의를 기울여 집중해야 한다.

이것을 실천하는 가장 쉬운 방법 중의 하나는 숨소리에 집중하는 것이다. 우리가 두렵거나 많은 스트레스를 받을 때 보통 숨을 빠르고 얕게 쉰다.

숨을 좀 더 느리고 깊게 쉬게 함으로써 가슴에서 나오는 것이 아닌, 횡경막 깊은 곳으로부터 나오는 우리의 몸을 진정시키고 스트레스를 낮출 수 있다.

우리의 스트레스는 다양한 방식으로 다양한 부위에서 나타나는 경향이 있다. 당신의 몸은 스트레스에 어떻게 반응하고 있나? 스트레스가 나타나는 몸의 부위는 어디인가?

아래의 그림에, 여러분의 스트레스가 타나는 곳을 표시해 보아라.

스트레스는 감정적으로, 육체적으로, 관계적으로 혹은 영적으로 영향을 미친다. 여러 다양한 영역에서 당신이나 혹은 다른 사람의 스트레스의 레벨을 이해하는데 도움을 얻기 위해, **스트레스 레벨 평가를 할 때 묻는 몇 가지 질문을 부록에서 찾아보라.**

경계boundary 정하기의 중요성

자기돌봄의 중요한 부분은 적절한 경계를 잘 그을 줄 아는 것이다. 경계는 좋은 울타리와 같다. 그것은 다른 사람과의 관계에서 우리가 정해 놓는 제한선과 같은 것이다.

경계는 우리의 책임이 무엇이고 다른 사람의 책임은 무엇인지를 기억하도록 돕는다. 이것은 정신건강과 건강한 관계를 위해 아주 중요한 것이다. 좋은 경계를 긋지 않는다면, 우리는 우리가 책임지지 않아도 될 문제를 떠안고는 다른 사람들이 우리에게 부여하는 요구에 분노하게 될 수도 있다. 또한 우리가 돕는 사람들이 그들만의 방법과 자신감을 계발하는 것을 방해하게 될지도 모른다. 건강한 경계가 없다면 우리의 삶은 혼란스러워지고 우리는 육체적, 감정적 소진으로 고통받게 될 것이다. 우리의 삶은 우리를 향한 하나님의 부르심이 아닌, 다른 사람들의 극적 사건과 위기에 의해 통제될 것이다.

좋은 경계는 우리를 보호한다. 우리가 언제 "네"라고, 언제 "아니오"라고 말할지를 알게 한다. 모든 사람에게 초책임적이어야 할 필요가 없음을 알게 하고 모든 사람에게 모든 것이 될 수 없음을 깨닫도록 한다. 건강한 경계는 자기존중의 표시이며, 타인을 존중한다는 표시가 될 수 있다. 건강한 경계는 다른 사람과 소통할 때, 그들에게도 내적 자원이 있다는 믿음을 주며, 자신의 삶을 성공적으로 다룰 수 있다는 확신을 주기 때문이다.

우리가 좀 더 나은 경계를 정해야 할 필요가 있다고 말해 주는 몇 가지 '빨간색 깃발'의 경고가 있다. 관계에서 우리가 불편함을 느낀다면, 이 감정에 집중하고 그것으로 무엇을 배울 수 있는지를 살펴보라. 더 나은 경계의 필요를 감지케 하는 한 표시는 **울화**와 **분노**의 감정이다. 크리스챤 여성들은 종종 분노의 감정을 느끼거나 표현하는 것을 편하게 느끼지 않을지라도 우리의 분노는 중요한 선생이 될 수 있다. 울화가 치밀거나 화가 날 때 우리 스스로에게 물어 보아야 한다. "자신이 쓸모없다고 느껴지고 있는지, 혹은 이용당했다거나 평가된다고 느끼고 있는지?" 일단 이 감정들이 확인된다면, 더 나은 경계를 긋기 위한 방법들을 생각해 보라.

다른 사람이 우리에게 무엇인가를 부탁하거나 그들에게 무엇인가를 주어야 한다고 느낄 때 "네"라고 말하지 않는다면 그들이 우리를 더 이상 좋아하지 않거나 우리를 거절할까 두려워 한다. 사랑하는 사람을 위해 하던 많은 일들을 그만 둔다면 그들이 자신들의 문제에 파묻혀 고통스러워 할 것이라고 생각한다. 그럴 수도 있고 그렇지 않을 수도 있다. 물론 우리가 보내는 보통의 지지나 도움보다 더 많은 것을 필요로 하는 친구나 가족에겐 특별한 보살핌이 주어져야 한다. 이런 경우, 짧은 기간 동안 그들을 돕기 위해 어려운 과정들을 감수할 작정을 할 수 있다. 가족들이 아플 때가 그 한 예이다. 이럴 때는 한동안 특별한 도움과 보살핌이 요구되어진다. 그러나 이런 상황일 때조차도 우리의 필요를 돌보기 위해 그리고 어려움에 처한 사람이 자신의 힘을 알고 계발할 수 있도록 경계를 긋는 일이 필요하다.

관계를 헤치지 않으면서 건강한 경계를 긋는 방법들이 있다. 몇 가지 제안을 여기에 하고자 한다:

- 당신이 정하고 싶은 한계점을 마음속에 확실히 해 두라.
- 가능한 몇 가지 용어를 사용하라: 간단하게 만들라.
- 다른 사람을 비판하지 말라. 그러나 당신이 필요로 하는 것을 명확하게 말하라.
- 일관되라. 다른 이들이 당신의 한계를 존중해 주지 않을 때도 양보하지 말라.

그들이 자신의 행동을 바꾸지 않고 당신의 요청을 무시한다면, 그들과의 관계를 끝내든지 관계를 변화시킬 필요가 있다.

친구를 예수에게 데려갔어요

마가복음 2:1-12에 기초한 예배를 위한 독백
– 로다 쉥크 키너

메리와 나는 오래된 친구예요.

메리는 언제나 문앞에 앉아 뜨개질을 했어요.

내 친구는 다리가 마비된 채로 태어나 걸을 수가 없거든요.

나는 그녀에게 필요한 것들을 가져다 주고, 우리는 서로 비밀 없는 그런 사이예요.

하루는 예수가 우리 마을에 온다는 소식을 들었어요.

빨래터에서 다른 여자들이 이야기해주더라고요.

누군가 물었어요.

"예수가 메리도 고칠 수 있을까?"

우리 모두 동시에 대답했어요.

"메리가 가고 싶어하는지 물어보자."

"어떻게 데려가지?"

"내게 새로 짠 돗자리가 있어."

"그럼 막대는 내가 가져올게."

"우리가 들고 가자."

메리에게 물었습니다.

"우리랑 같이 예수한테 가지 않을래?"

메리가 날 쳐다보며 속삭였어요.

"소용이 있을까?"

"그럼! 예수가 엄청 많은 사람을 고쳤대. 너도 고칠 수 있을거야."

메리가 "나도 가볼래"라고 했습니다.

힘 센 여자 친구 넷이 메리를 위해 모였습니다.

알록달록한 새 돗자리 하나를 같이 들고요.

길 끝에 있는 작은 집까지 메리를 들고 가니깐 다들 빤히 쳐다봤어요.

환호하는 사람도 있었고요.

도착해보니 집은 사람들로 북적거렸어요.

예수한테 가까이 갈 수가 없었어요.

일단 돗자리를 내려놓았습니다.

우리 중 가장 작은 친구가 나무를 타고 지붕으로 올라갔어요.

집 안쪽으로 들어가는 쪽문을 열어보더니 우리에게 괜찮다고 신호를 보냈어요.

저도 올라갔습니다.

둘은 위에서 당기고 나머지 둘은 아래서 밀어 메리를 지붕 위로 끌어올렸어요.

그리고 우리 넷은 힘을 합쳐 메리를 예수 앞으로 천천히 내려놓았습니다.

예수가 우리를 쳐다봤어요.

그 눈이 우리 얼굴을 찬찬히 살폈습니다.

우리의 믿음을 봤어요.

예수는 몸을 돌려 메리에게 말했어요.

"당신의 죄를 용서합니다."

메리의 얼굴이 환해졌어요.

난 그 친구 눈에 평화가 어리는 것을 보았어요.

설마 메리는 걷는 것보다 용서받는 게 더 필요했을까요?

예수가 다른 남자들에게 하는 말은 거의 듣지 못했어요.

빛나는 메리 얼굴밖에 안 보였거든요.

예수가 "이제 알게 되겠지만 나는 이 땅에서 죄를 용서하는 권한을 가지고 있습니다"라고 말하는 건 들었어요.

그리고는 메리를 바라보며 "당신에게 말합니다. 일어나 돗자리를 들고 집으로 가세요"라고 했어요.

메리는 그 말 그대로 했어요!

일어서더니, 돗자리를 들고, 사람들 앞에 섰어요.

걷고, 춤추고, 소리 내어 웃었어요.

우리는 놀라 기쁨의 눈물을 흘리며 그 뒤를 따랐죠.

모두가 하나님께 영광을 돌리며 이야기했어요.

"이런 일은 생전 처음이에요!"

그날 이후로 우리 네 친구와 메리는 완전히 달라졌어요.

함께 하기

많은 경우, 어려움에 처한 사람을 도울 때 다른 사람들과 함께 해야 할 필요가 있다. 가끔 혼자서는 도움이 필요한 사람의 모든 것을 다 공급할 수 없을 때가 있다. 다른 사람을 돕는 일은 교회의 회중이 팀으로 함께 움직일 때 더 힘이 있고 효과가 있을 수 있다.

나는 상담하는 여성이 자신의 문제를 토로할 수 있는 유일한 사람이 나뿐이라고 하는 말을 가끔 듣는다. 그러나 그렇게 말한 그녀를 나 혼자 돌보는 것은 큰 부담이 된다. 나는 그녀에게 다른 도우미들도 필요하다는 것과 마가복음2장에 나오는 이야기를 예로 들면서, 자신들의 친구를 예수께 인도하는데도 4명이 있어야 했다는 사실을 말해 준다. 만약 그녀가 다른 도우미들을 원하지 않는다면 그녀에게 줄 수 있는 내 도움의 한계를 정해 줄 필요가 있다.

때때로, 우리는 교회 밖의 지역 커뮤니티의 자원을 찾아야 할 필요가 있을 수도 있다. 어떤 추가적인 자원들이 이용가능한가에 대해 아는 것은 중요하다. 예를 들면 남편에게 폭행당한 여인들을 위한 안전한 피신장소라든가, 정신 건강 상담 서비스, 중독관리센터, 혹은 새로 이민 온 사람들을 위한 정보와 같은 것이다.

돌보는 자로, 도움을 주는 자로서, 다른 사람들을 보살필 때, 도움과 지지와 기도를 요청하며 교대할 수 있는 사람을 가져야 한다. 우리는 다른 사람들을 지지할 수 있는 강한 사람일 수도 있지만 때때로 지지와 돌봄을 필요로 하는 약하고 곤경에 처한 사람일 수 있다는 양면성을 이해하는 균형 잡힌 우정은 필수불가결하다.

멘토를 가진다는 것은 우리가 다른 사람을 도울 때 중요한 선물이며 자원이 될 수 있다. 멘토는 보통 우리가 가지지 못한 성숙함과 기술을 가진, 연배가 높고 많은 경험을 가진 사람이다. 그들은 우리의 돌보는 일을 위해 귀한 안내와 격려를 제공해 줄 수 있는 사람들이다.

많은 여성들은 **기도짝**을 가진 행복한 사람들이다. 기도짝은 기도로 지지해 주는데 헌신하고 함께 기도하기 위해 정기적인 만남을 갖는 사람이다.

우리의 인생에서 특별한 **영적인 친구들**을 갖는다는 것은 복된 일이다. 영적인 친구들은 그들의 삶 속에서 하나님께서 어떻게 임재하셨고 일하셨는지에 집중하며 서로를 격려할 목적으로 정기적인 만남을 보통 일주일에 한 번 정도 지속적으로 유지 한다. 나는 영적인 친구들과 한 명이 30분간 자신의 이야기를 하는 동안 다른 사람들은 경청하는 모임을 함께 만들었다. 그 시간은 3가지 질문으로 진행한다.

1. 이번 주에는 어디에서 하나님의 임재를 느꼈나요?

   _____

   _____

2. 하나님께서 당신의 삶에서 변화나 성숙을 원하시는 부분은 어디인가요?

   _____

   _____

3. 이번 주에 당신을 위해 어떻게 기도할까요?

   _____

   _____

　　한 명이 이 세 가지 질문에 답한 후에, 그 사람은 다른 사람이 이야기하는 것을 경청하는 사람이 된다. 이것은 간단하지만 심오한 방법으로 우리의 일상과 돌봄 사역을 통해 다른 사람을 세워줄 수 있게 한다. 또한 우리 자신의 영적인 삶을 돌보는 자기돌봄에 중요한 몫을 차지하게 된다.

테이블 대화: 건강한 경계 정하기

경계를 정하는 경험은 어떠했는가? 혹시 "아니오"라고 말하고 싶었는데 "예"라고 말하는 자신을 발견하지 않았는가? 만약 그렇다면 왜 "아니오"라고 말하는 것이 그렇게 힘든가?

_____

_____

더 나은 경계를 정하지 못한 결과는 무엇이었는가?

_____

_____

당신이 조금 더 분명하고 명확한 경계를 그어야 할 관계나 삶의 영역들이 있었는가? 어떻게 더 나은 경계를 정할 수 있게 되겠는가?

_____

_____

제2과의 중요개념 복습

1. 다른 사람을 효과적으로 돌보기 위해서, 나 또한 잘 돌볼 필요가 있다.
2. 나는 반드시 나의 육체적, 영적, 그리고 감정적인 필요를 알아야 하며, 균형 잡힌 삶을 살려고 노력해야 한다.
3. 좋은 경계를 정하는 것은 자기돌봄의 중요한 부분이다.
4. 다른 사람을 돕는데 있어 자원을 언제 더 찾아야 하는지를 아는 것은 중요하다.

결론

　예수님조차도 자신을 돌봐야 할 필요를 인지하셨기에 그의 사역을 효과적으로 지속할 수 있었다. 우리가 우리 자신의 필요를 무시할 때, 우리는 육체적, 정신적, 영적으로 지치는 위험을 무릅쓰게 된다. 그 때, 다른 사람을 잘 도울 수 없고 오히려 우리가 도움이 필요한 지경에 놓이게 된다.

　우리는 우리가 모든 사람을 도울 수 없다는 것과 우리가 가족, 교회, 공동체에서 상처받은 모든 사람에게 책임이 있는 것이 아니라는 것을 기억해야 할 필요가 있다. 이것은 우리가 바로 앞에 있는 사람, 그리고 지금 당장 우리의 도움과 관심이 필요한 사람에게 집중할 수 있게 한다. 우리는 하나님께서 이 세상을 돕기 위해 많은 다른 손들이 있다는 것을 알기에 그 당시에 우리가 도울 수 없는 사람에 대한 걱정을 하나님께 맡길 수 있다. 우리는 하나님의 치유사역의 한 부분일 뿐이다. 이것을 기억함으로써, 우리는 각자에게 하라고 주신 치유사역을 더 잘 할 수 있게 되는 것이다.

기도

긍휼과 자비가 많으신 하나님, 하나님은 우리를 창조하셨고 우리가 상처받고, 상실과 슬픔 가운데 고통 받는 사람과 함께 걸어가는 것이 얼마나 힘든 일인지 잘 알고 계십니다. 우리 자신과 우리의 개인적인 한계와 당신이 만드신 훌륭하지만 연약한 육체를 긍휼히 여겨 주시옵소서. 우리 자신 우리의 몸, 영혼, 정신을 어떻게 돌봐야 할지 지혜를 주셔서 즐겁게 살게 하시고 다른 사람을 위한 더 나은 치유자가 될 수 있게 하여 주시옵소서.

위대한 치유자이신 예수님의 이름으로 기도합니다. 아멘

3과. 경청이 치유다

"사랑의 첫 의무는 듣기다."

폴 틸리히

"말을 사용하지 않는 유일한 소리가 있다. 듣기다."

루미

"다른 사람과 관계를 맺는 가장 기본적이고
강력한 방법은 듣는 것이다. 그냥 들어라.
아마도 다른 사람에게 줄 수 있는 가장 중요한 것은
우리의 집중력일 것이다.
사랑의 침묵은 가장 멋지게 꾸며진 말보다
치유하고 관계를 맺는데 훨씬 더 많은 힘을 가지고 있다."

레이첼 나오미 레멘, MD

경청의 치유하는 힘

만약 치유를 위해 누군가의 마음을 어루만져 주길 원한다면 먼저 그 마음 안에 무엇이 있는가를 알아야 한다. 어떻게 하면 그 마음 안에 무엇이 있는지를 알 수 있을까? 바로 듣는 것을 통해서 알게 된다. 다른 사람을 향한 나의 사랑을 측량하고자 한다면 얼마나 그들에게 귀 기울이고 있는가를 보면 된다.

사랑과 긍휼의 마음으로 듣는 것은 서로에게 줄 수 있는 가장 큰 선물 중의 하나다. 이것은 감정의 상처, 비극 그리고 트라우마로 부터 치유해 줄 수 있는 강력한 도구이다. 상실과 감정적인 상처로 인해 고통 받는 누군가는 전문가의 도움이 필요한 것이 아닐 때가 있다. 많은 경우 그들이 가장 필요로 하는 것은 관심을 가지고 사랑의 마음으로 그들의 이야기를 들어줄 수 있는 누군가이다.

단지 누군가 말하는 것을 듣는 것hearing과 귀 뿐 아니라 마음으로 경청하는 것listening에는 차이가 있다. 만약 우리 귀가 잘 들린다면, 듣기 자체는 우리에게 아무 것도 요구하지 않는 비자발적인 과정이지만 경청을 위한 일부이기는 하다.

누군가의 말을 집중하여 듣는 일은 피곤하고 힘든 일이다. 이것은 인내심을 요구하며 우리의 모든 집중력을 필요로 한다. 그리고 다른 사람의 감정과 경험을 이해하기 위해, 우리의 모든 문제와 관점을 잠시 내려놓을 것을 요구한다. 단순한 듣기는 말들이 우리 머리 속에 들어갈 때 일어나고 **경청**은 그 말들이 우리 마음 속에 들어갈 때 일어나는 일이다.

우리의 일상은 이렇게 깊은 경청의 자세를 요구하지 않는 많은 대화들로 이루어진다. 친구들과 수다떨기, 이웃 아이들에게 인사하기, 가게 점원과 이야기하기 등과 같은 것이 우리의 피상적이고 가벼운 대화들이 그 예들이다. 그러나 우리는 평상시와는 다른, 깊은 종류의 경청이 요구되는지, 단지 귀만이 아닌 마음을 쏟으면서 들어야 하는 시간이 언제인지를 알아야 할 필요가 있다.

이런 종류의 경청은 어려운 작업이다. 예수님은 "자기를 버리는 것"에 대해 언급하셨다: 이것은 우리가 다른 사람의 경험과 감정을 이해하기 위해 잠시 우리의 관심을 내려놓아야 할 때 하는 일이다. 우리는 너무나 종종 다른 사람의 이야기를 들으면서도 그들이 말하고 있는 중에도 연신 우리가 해야 할 말들을 생각한다. 우리가 무엇을 말할지 고민할 때, 중요한 신체언어와 드러내고 싶은 중요한 감정을 쉽게 놓칠 수 있다.

우리는 욥의 친구들로부터 중요한 교훈을 배울 수 있다. 성경은 7일 동안이나 그들이 앉아서 욥의 이야기를 들었다고 말한다. 욥기2:11-13 고통 받는 욥 주위에 앉아 그냥 그의 이야기를 들을 때, 이것이 욥에게 가장 도움이 되었을 것이다. 일단 그들이 욥에게 답을 주려고 노력하고 문제를 지적하고 하나님을 변호하려고 할 때, 그들은 욥을 더 비참하게 만들고 말았다.

다른 사람과 나누기에는 매우 어려운 것들이 있다. 사람들은 오랫동안 자신에게 상처를 준 경험이나 끊임없이 고통과 문제를 일으키는 경험을 다른 사람들과 나누기 위해서는 수년 간 용기를 내기 위해 애를 썼을지도 모른다. 어떤 이야기는 감정적인 문제와 관계에 지속적인 어려움을 주는 채, 남과는 나눌 수 없는 비밀로 남을 수 있다.

다른 사람들과 이야기하기 어려운 주제들의 예:

- 가정폭력과 배우자의 학대
- 성폭력과 강간
- 과거의 낙태경험
- 가족 내에서 발생한 자살과 자살에 대한 개인적인 생각
- 자신이나 가족이 가지고 있는 동성애적 성향
- 자신이나 가족의 포르노 중독
- 의식주를 해결하기 힘든 가난과 현금부족
- 알코올 중독이나 약물 중독

말하기에는 모두 어려운 주제들이지만 이해심과 사랑이 많은 친구에게 나누는 것은 도움이 된다. 듣는 사람으로서, 우리는 다른 사람이 그들의 비밀과 문제와 고통을 호소할 때, 그들에게 완벽한 대답을 해줄 필요는 없다. 아마 처음에는 우리가 말할 수 있는 유일한 대답은 **"이 모든 것을 혼자서 감당했다니 정말 힘들었겠구나! 내가 도와줄 수 있는 건 없을까?"** 가끔 아픈 이야기를 들어주기 위해 옆에 앉아 있는 사랑하는 친구를 가졌다는 것 자체가 치유로 가는 충분한 길이 될 수 있다.

누군가 자신이 경험했고 지금도 경험하고 있는 어려운 경험을 말할 때, 그들이 지금 문제에 대한 조언이나 정답을 찾고 있는 것이 아니라, 자신들의 이야기를 들어주고 여전히 그들이 사랑받고 있다는 것을 알게 해 줄 사람을 필요로 한다는 것을 기억하는 것은 중요하다. 그들이 문제를 해결해 나가는 동안, 그들이 버림받지 않을 것이라는 것을 알 필요가 있다.

테이블 대화: 어떻게 치유를 위한 경청을 할 수 있을까?

사람들이 깊이 집중하며, 단순히 귀로만 아니라 마음으로 듣고 있다는 것을 어떻게 알 수 있는가? 정말 그들이 당신에게 집중하고 있다고 느꼈을 때를 생각해 보라. 그들 자신의 문제가 아닌, 당신이 이야기하고 있는 것에 집중한다는 것을 어떻게 알았는가?

이 질문에 대해서 그룹에서 이야기를 나누고 아래에다 적어 보라.

좋은 경청자가 되며 듣고 있음을 보여 줄 좋은 방법들

1.

2.

3.

4.

5.

비밀보장과 공개

한 친구가 당신에게 자신의 이야기를 한다면, 그녀는 당신을 존중하고 신뢰한다는 의미다. 당신의 이야기가 아니라 그녀의 이야기를 다른 이들과 나누고 있다는 것을 기억함으로 그 신뢰를 돌려주는 것은 중요하다. 가끔 사람들은 우리를 당황하게 하는 이야기를 하기도 한다. 이런 상황에서는 그 이야기를 우리가 지목한 다른 사람과 나누는 것이 괜찮은지 물어야 한다. 이것은 우리가 다른 사람을 돌보면서도 우리 자신을 돌볼 수 있게 해 준다.

교회에서 기도제목을 나누는 시간은 아마 우리가 진정한 걱정을 나누도록 독려할 것이다. 그러나 또한 비밀을 누설하게 할지도 모른다. 예를 들어, "제발 메리를 위해 기도해 주세요. 메리의 남편이 포르노사진에 중독되어 있대요."같은 기도제목은 메리를 위해 진심으로 기도하고자 하는 마음에서 나올 것이다. 그러나 상대의 허락 없이 나누어서는 안 되는 남의 이야기를 다른 사람에게 전달하는 꼴이 된다.

그러나 반드시 함께 중요한 정보들을 나누어야 할 때가 있다. 다음과 같을 때이다:

- 다칠 위험이 있거나 자살이나 타살을 하려고 하는 사람을 위해 도움을 청할 때
- 어린 아이나 연약한 성인이나 노인이 학대받거나 방치되거나 상해를 입는다는 것을 알게 되었을 때

이런 상황에서 당신이 있는 지역에서 얻을 수 있는 도움들이 무엇인지 아는 것은 중요하다. 만약 전문적인 서비스를 받을 수 없다면 이런 상황에서 어떻게 도움을 얻어야 하는지 조언을 줄 수 있는, 지역에서 존경받는 사람에게나 교회의 신뢰할 만한 리더에게 즉시 가라. 만약 개인이나 어떤 그룹의 사람들에게 가해지는 위협을 알게 되면 빨리 그들의 위험에 대해 경고해 주고 그들을 안전한 곳으로 대피하도록 해야 한다. 자살에 대한 어떤 이야기도 심각하게 받아들여야 한다. 당신이 그 사람을 안전하게 지킬 수 있고 도움을 얻는 길이라면 무슨 일이라도 당장 하라.

기억하라, **누군가 그들의 문제에 대해 전문적인 도움을 받고 있을 때조차도 그들은 여전히 따뜻한 친구의 지지와 도움이 필요하다는 것을.**

실습: 서로에게 경청하기

편안하다고 느끼는 사람을 찾으라. 그리고 그녀에게 당신의 이야기를 나누라. 인생의 타임라인에 대해 말해도 되고 당신의 마음을 감동시키는 다른 이야기를 해도 된다. 서로에게 주의 깊게 귀 기울이며 듣는다. 모두가 듣고 각자 자신의 이야기를 나눌 수 있는 기회를 갖도록 시간을 분배하라.

주의 깊게 듣는 일에 집중하라. 완벽한 대답을 하려고 염려하지 말라. 여러분 모두는 경청한 후에 이렇게 말하게 될 것이다. "나에게 이야기해 줘서 고마워." 만약 당신이 친절하고 열린 마음으로 들었다면 상대방은 당신이 신경 쓰고 있다는 것을 알게 될 것이다.

독이 되는 이야기, 약이 되는 이야기

인간으로서 우리는 자신에게 발생한 일의 의미를 찾으려고 한다. 우리 자신에게 일어난 사건이 이해가 될 수 있길 원한다. 이렇게 하는 한 가지 중요한 방법은 우리의 삶에 대한 이야기를 구성하는 일이다.

과거는 우리가 스스로에게 말하는 마음의 이야기인 기억을 제외하고는 존재하지 않는다. 우리는 우리 삶에 있었던 과거의 사건을 바꿀 수는 없다. 그러나 그 사건을 전달하는 **이야기와 우리가 해야 하는 해석과 결론은 바꿀 수가 있다**. 개인, 가족, 공동체 그리고 국가조차도 지금까지 그리고 미래에도 강력한 영향을 줄 이야기를 종종 가지고 있다. 가끔 사람들과 그룹들은 이런 영향력 있는 이야기와 여전히 그들을 장악하고 있는 힘을 의식하지 못한다.

우리가 전달하는 내재적 이야기들은 우리가 즐겁고 풍성한 삶을 살 수 있도록 도울 수도 있고, 과거의 고통과 무력함에 갇힌 채 살도록 할 수도 있다. 개인이나 공동체에 고통스러운 일이 일어난 순간조차도 이 일을 절망 대신 희망으로 살아가는 쪽으로 기억하게 선택할 수 있다. 우리는 발생한 고통스런 기억을 잊을 수는 없을 것이다. 그러나 친구들의 도움과 하나님의 은혜로 생산적이고 소망이 가득한 삶을 살 수 있게끔 그 사건을 기억하도록 배울 수 있다.

독이 되는 이야기들은 우리의 에너지를 앗아가고 즐거움을 빼앗는다. 우리자신을 우리의 삶을 제어할 수도 없는 무력한 희생자처럼 느끼게 한다. 우리를 소망도 없는 감정적인 고통 속에 갇힌 채 있게 한다. 우리가 그것을 말하고 기억할 때마다 그 이야기들은 우리의 삶 속에서 더 강력한 영향력을 갖게 된다.

약이 되는 이야기치유가 되는 이야기들은 그와 반대로 발생했던 힘들고 상처받은 사건들을 올바른 관점으로 보게 돕는다. 그 슬픈 사건들을 우리 인생 전부를 담아내는 책으로 보지 않고 그저 하나의 장으로 보게 한다. 이런 이야기들은 용기, 긍휼, 회복, 하나님의 임재와 자비를 품고 있으며, 우리가 어려운 시기를 경험할 때 받은 다른 사람들의 지지를 기억나게 한다. 이는 우리 안의 내면의 개인적인 힘과 공동체의 힘을 인정하도록 돕는다. 또한 우리가 더 어려운 시간을 맞이할 때 미래문제를 헤쳐 나갈 필요한 힘을 가질 수 있게끔 하는 소망을 주기도 한다.

가끔 두 사람에게 똑같은 일이 생길 수 있다. 한명은 독이 되는 방식으로 그 기억을 소유할 수 있고 다른 사람은 힘을 얻고 치유되는 방식으로 기억할 수 있다.

우리의 이야기를 반복할 것인가? 구원할 것인가?

우리는 크리스챤으로서 상대를 파괴하는 독이 되는 이야기를 멈추고, 대신 그것들을 변화시키고 회복할 수 있는 능력을 가지고 있다. 트라우마, 상실, 슬픔의 이야기를 긍휼의 마음을 가지고 듣는 것은 중요하다. 그러나 똑같은 패배자의 모습으로 몇 년을 반복하여 그들의 고통스런 이야기를 계속 말하게 하는 것은 도움이 되지 않는다. 오히려 이것은 그들에게 소망 없고 힘없는 피해의식만 증가시킬 뿐이다.

이런 질문들을 던짐으로써 우리는 그들의 독이 되는 이야기를 변화시키고 회복시키는데 도움을 줄 수 있다:

- 그 고통스런 경험을 통과하면서도 하나님의 임재나 보호를 느낄 만한 경험이 있었는가? 어떤 것이 그렇게 느끼도록 도왔는가?
- 그 고통의 시간동안 누가 예수님이나 하나님의 사랑을 느낄 수 있도록 해 주었는가?
- 사람들이 주는 긍휼과 친절을 경험해 볼 수 있었는가?
- 당신 스스로에게 발견한 새로운 힘과 가능성은 무엇인가?
- 이 시기를 지나면서 당신 자신에 대해서, 믿음의 공동체에 대해서, 그리고 인간에 대하여 배운 것은 무엇인가?
- 당신의 경험으로부터 우리가 배우기를 원하는 것은 무엇인가?
- 어떻게 당신이 배운 것으로 다른 사람을 도울 수 있겠는가?

고통당한 사람에게 귀를 기울이고 그들의 독이 되는 이야기를 약이 되는 이야기로 바꿀 수 있도록 도와줌으로, 우리는 그녀에게 고통이 자신과 다른 사람에게 치유의 능력이 되게 할 수 있는 생명을 주는 선물이 되게 해 준 것이다.

마음과 생각 보호하기

친절한 사람은 누군가의 트라우마와 고통에 관한 이야기를 보거나 들으면 긍휼의 뇌가 얼마간은 마치 자신에게 그런 일이 일어난 것처럼 반응을 한다. 트라우마나 슬픈 이야기를 듣거나 어려운 시기를 보내는 사람들과 함께 할 때는 마음과 생각을 보호할 수 있는 방법을 계발하는 것이 중요하다.

자기 돌봄의 꾸준한 연습은 중요하다. 뿐만 아니라, 다른 사람의 깊은 고통과 폭력적인 이야기를 들을 때 사용할 도움과 보호의 "보이는 기도"를 계발하고 싶을 수도 있다. 예를 들어 나는 종종 예수님께서 내가 타인의 이야기를 듣고 있을 때 내 옆에 함께 앉아 계신다는 상상을 한다. 가끔은 그가 우리 사이에 앉아 계시며 우리의 어깨를 팔로 부드럽게 감싸시는 모습을 상상한다.

만약 그녀가 말하는 동안 운다면, 나는 한 팔로 그녀를 감싸고 예수님이 다른 편에서 위로하고 사랑하는 모습으로 그녀를 감싸는 것을 상상할 수도 있다. 이것은 하나님이 우리와 함께 하신다는 사실과 내가 비록 돕기 위해 일하고 있으나 진정한 치유자는 예수님이라는 것을 기억하도록 도와준다.

또 다른 경우다. 슬프고 폭력적인 이야기를 하는 사람의 건너편에 앉았을 때, 나는 우리 사이에 가늘고 순전한 황금막이 처져 있다고 상상한다. 이것은 하나님의 성령님이 이 곳에 계시다는 상상 속 이미지이다. 나의 상상 속에서 다른 사람은 아무것도 보지 못한다. 그러나 나는 하나님이 우리와 함께 계심과 하나님의 성령이 나의 연약한 마음을 보호하심을 확신하게 된다. 이것은 그냥 "심리조작"이 아니다. 왜냐하면 우리가 치유사역을 하고 하나님의 지혜와 임재를 구할 때 **진실로 하나님께서 함께 하시기** 때문이다.

다시 말하지만, 이것은 내 마음 속에서 일어나는 착각이 아니라, 내가 다른 사람을 위해서 일하면서 느끼는 한계에 대한 인식과 하나님께서 귀하게 여기시는 사람들 각각에게 가지고 계신 깊은 사랑과 긍휼에 대한 확신과 일치하는 것이다. 하나님께서 긍휼이 많은 사람을 통해 일하시고 우리가 하나님의 치유 은혜의 통로가 될 때, **치유하시는 분은 바로 하나님**이신 것이다.

테이블 대화: 치유가 필요한 경험이 있나요?

당신의 인생 타임라인이나 인생의 강을 살필 수 있는 시간을 가져보라. 당신의 삶 속에서 중요한 이야기는 무엇인가? 여전히 치유가 필요한 사건으로 당신에게서 기쁨과 희망을 앗아가는 기억이 있는가?

당신이 기꺼이 이 테이블 그룹과 이런 일을 간단히 언급할 수 있다면 그렇게 하라. 몇 명이 그렇게 나눈 후, 서로를 위해서 함께 기도하는 시간을 갖기를 원할 것이다.

제3과의 중요개념 복습

1. 잘 듣는 것은 치유를 위한 중요한 방법이다.
2. 치유를 위한 경청은 우리의 귀뿐 아니라 우리의 마음을 포함한다.
3. 나는 그들의 독이 되는 이야기를 말 할 수 있도록 도울 수 있으며 그 경험들이 치유의 능력이 있는 이야기가 되도록 도울 수 있다.
4. 다른 사람의 슬픔이나 고통의 이야기를 들을 때 내 마음과 생각을 보호하는 것은 중요하다.

결론

　상처 입은 사람의 이야기를 긍휼의 마음을 가지고 들음으로 그들이 치유의 길을 가도록 도울 수 있다. 치유하는 경청은 판단하지 않으며 서두르지도 않는다. 이것은 우리가 들을 때 하나님께서 그들의 마음속에서 일하실 것을 신뢰하면서 영적으로는 든든하게 세워져 있으며 정답을 내리기 위해 서두르지 않을 것을 요구한다.

　효과적인 치유자가 되기 위해, 우리의 삶 속에서 하나님의 치유하심을 경험할 필요가 있다. 우리의 삶 속에서 여전히 고통과 수치를 동반하는 그리고 하나님이 변화시키시길 원하는 삶의 영역을 말하길 원한다면, 치유의 여정을 가고 있는 **상처받은 사람**을 위해 우리의 눈물과 경험을 사용할 수 있다. 하나님께서 우리의 독과 같은 이야기와 경험을 치유하는 능력의 이야기가 되게 함으로써 우리는 가족과 교회와 공동체의 치유를 도울 수 있게 된다. 하나님께서 우리가 변화되도록 도우셔서 우리가 다른 사람을 위한 치유와 변화의 통로가 되게 하소서!

기도:

　은혜가 많은 하나님, 우리 각 사람, 하나님의 소중한 자녀들이 치유되길 원하심을 믿습니다. 우리에게 긍휼이 많고 인자한 친구들을 보내셔서 치유의 길을 함께 걸어가게 하소서. 우리의 상처가 상처받는 사람들에게 위로가 되게 하시고 우리의 눈물이 치유와 소망이 필요한 사람들에게 좋은 동료가 되게 하는 힘이 되게 하소서. 고통 받으시고 새로운 삶으로 부활하셔서 우리의 자비로운 친구가 되신 예수님의 이름으로 기도합니다. 아멘.

4과. 슬퍼하는 자를 돕는 법

"우리의 삶 속에는 고통과 어두움이 있다.

그러나 그 고통이 하나님의 실재를 부정할 수 없다.

오히려 하나님의 임재가 그 고통을 통해 길을 비추인다."

도리스 롱에이커

"예수의 사역은 하나님께서 슬픔, 고통, 배반, 죽음을

사용하셔서 당신에게 상처를 주시는 것이 아니라

당신을 하나님께로 인도하신다는 것을 드러내는 일이었다."

"이 교훈을 배울 때까지는 고통을 제거하지 마라."

리차드 로어

"애통하는 자는 복이 있나니 그들이 위로를 받을 것이다."

마태복음 5:4 예수의 말씀

상실과 슬픔

삶을 선물로 받은 우리 모두는 이별과 슬픔을 경험한다. 우리가 얼마나 주의 깊게 계획하고 사는 지와 관계없이 이별과 슬픔은 모든 사람이 언젠가는 경험해야 하는 것이다.

우리는 보통 사랑하는 사람의 죽음과 연관되어 슬픔을 생각한다. 그러나 우리의 삶에서 어떤 중요한 것의 상실도 슬픔을 초래한다. 건강이나 직업이나 수입원, 결혼하고 행복한 가정을 꾸릴 소망의 상실이나 결혼했으나 결코 행복하지 않은 결혼이 주는 현실.

어떤 사람들은 상실과 슬픔이라는 표현 그 이상의 것을 느끼고 있는 듯하다. 빌립보서2:27에서, 바울은 슬픔 위의 슬픔_{근심 위의 근심}을 가지고 있다고 말했다. 이런 일이 발생할 때, 우리의 슬픔은 치유하기에 더 복잡하고 어려워지게 된다.

예수님을 포함한 성경 속의 인물도 상실과 슬픔을 경험했다. 성경은 슬픔을 초래하는 많은 종류의 상실감과 그런 상황에 대해 이야기 한다.

이 성경구절을 보아라. 그리고 각 경우, 그 슬픔의 원인이나 이유를 찾아 보아라.

1. 욥기 1:14-17

   일꾼 하나가 욥에게 달려와서, 다급하게 말하였다. "우리가 소를 몰아 밭을 갈고, 나귀들은 그 근처에서 풀을 뜯고 있는데, 스바 사람들이 갑자기 들이닥쳐, 가축들을 빼앗아 가고, 종들을 칼로 쳐서 죽였습니다. 저 혼자만 겨우 살아 남아서, 주인 어른께 이렇게 소식을 전해 드립니다." 이 일꾼이 아직 말을 다 마치지도 않았는데, 또 다른 사람이 달려와서 말하였다. "하늘에서 하나님의 불이 떨어져서, 양 떼와 목동들을 살라 버렸습니다. 저 혼자만 겨우 살아 남아서, 주인 어른께 이렇게 소식을 전해 드립니다." 이 사람도 아직 말을 다 마치지 않았는데, 또 다른 사람이 달려와서 말하였다. "갈대아 사람 세 무리가 갑자기 낙타 떼에게 달려들어서 모두 끌어가고, 종들을 칼로 쳐서 죽였습니다. 저 혼자만 겨우 살아 남아서, 주인 어른께 이렇게 소식을 전해 드립니다."

   _____

   _____

2. 사무엘상 1:1-8

   에브라임 지파에 속한 숩의 자손 엘가나라는 사람이, 에브라임의 산간지방에 있는 라마다임에 살고 있었다. 그의 아버지는 여로함이고, 할아버지는 엘리후이고, 그 윗대는 도후이고, 그 윗대는 숩이다. 엘가나에게는 두 아내가 있었는데, 한 아내의 이름은 한나요, 또 한 아내의 이름은 브닌나였다. 브닌나에게는 자녀들이 있었지만, 한나에게는 자녀가 하나도 없었다. 엘가나는 매년 한 번씩 자기가 사는 성읍에서 실로로 올라가서, 만군의 주님께 경배하며 제사를 드렸다. 그 곳에는 엘리의 두 아들인 홉니와 비느하스가 주님의 제사장으로 있었다. 엘가나는 제사를 드리고 나서는, 늘 아내 브닌나와 그가 낳은 모든 아들딸에게 제물을 각각 한 몫씩 나누어 주곤 하였다. 그러나 한나에게는 두 몫을 주었다. 비록 주님께서 한나의 태를 닫아 놓으셨지만, 엘가나는 한나를 사랑하였다. 주님께서 한나의 태를 닫아 놓으셨으므로, 그의 적수인 브닌나는 한나를 괴롭히고

업신여겼다. 이런 일이 매년 거듭되었다. 한나가 주님의 집으로 올라갈 때마다, 브닌나가 한나의 마음을 늘 그렇게 괴롭혔으므로, 한나는 울기만 하고, 아무것도 먹지 않았다. 그럴 때마다 남편 엘가나가 한나를 위로하였다. "여보, 왜 울기만 하오? 왜 먹지 않으려 하오? 왜 늘 그렇게 슬퍼만 하는 거요? 당신이 열 아들을 두었다고 해도, 내가 당신에게 하는 만큼 하겠소?'"

_____

_____

3. 욥기 2:7~8

사탄은 주님 앞에서 물러나 곧 욥을 쳐서, 발바닥에서부터 정수리에까지 악성 종기가 나서 고생하게 하였다. 그래서 욥은 잿더미에 앉아서, 옹기 조각을 가지고 자기 몸을 긁고 있었다.

_____

_____

4. 잠언 10:1과 17:21

이것은 솔로몬의 잠언이다. 지혜로운 아들은 아버지를 기쁘게 하지만, 미련한 아들은 어머니의 근심거리이다.

미련한 자식을 둔 부모는 걱정이 그칠 새가 없고, 어리석은 자식을 둔 부모는 기쁨이 없다.

_____

_____

5. 사무엘하 13 : 10-20

다말에게 말하였다. "그 빵을 이 침실로 가지고 들어와서, 네가 손수 나에게 먹여 다오." 그래서 다말은 손수 만든 빵을 들고, 자기의 오라버니 암논의 침실로 들어갔다. 다말이 그에게 먹여 주려고 다가서니, 그는 다말을 끌어안고, 함께 눕자고 하였다. 다말이 그에게 말하였다. "이렇게 하지 마십시오, 오라버니! 이스라엘에는 이러한 법이 없습니다. 제발 나에게 욕을 보이지 마십시오. 제발 이런 악한 일을 저지르지 말아 주십시오. 오라버니가 나에게 이렇게 하시면, 내가 이런 수치를 당하고서, 어디로 갈 수 있겠습니까? 오라버니도 또한 이스라엘에서 아주 정신 빠진 사람들 가운데 하나와 똑같이 되고 말 것입니다. 그러니 이제라도 제발 임금님께 말씀을 드려 보십시오. 나를 오라버니에게 주기를 거절하지 않으실 것입니다." 다말이 이렇게까지 말하는데도, 암논은 다말이 애원하는 소리를 들으려고 하지도 않고, 오히려 더 센 힘으로 그를 눕혀서, 억지로 욕을 보였다. 그렇게 욕을 보이고 나니, 암논은 갑자기 다말이 몹시도 미워졌다. 이제 미워하는 마음이 기왕에 사랑하던 사랑보다 더하였다. 암논이 그에게, 당장 일어나 나가라고, 소리를 버럭 질렀다. 그러자 다말이 암논에게 말하였다. "그렇게 하시면 안 됩니다. 이제 나를 쫓아내시면, 이 악은 방금 나에게 저지른 악보다 더 큽니다." 그런데도 암논은 다말의 말을 들으려고 하지도 않고, 오히려 자기의 시중을 드는 하인을 불러다가 명령하였다. "어서 이 여자를 내 앞에서 내쫓고, 대문을 닫고서 빗장을 질러라." 암논의 하인은 공주를 바깥으로 끌어내고, 대문을 닫고서, 빗장을 질렀다. 그 때에 다말은 소매에 색동으로 수를 놓은 긴 옷을 입고 있었다. 공주들은 시집가기 전에는 옷을 그렇게 입었다. 이제 다말은 머리에 재를 끼얹고, 입고 있는 색동 소매 긴 옷을 찢고, 손으로 얼굴을 감싼 채로, 목을 놓아 울면서 떠나갔다. 다말의 오라버니 압살롬이 다말을 보고 물었다. "네 오라비 암논이 너를 건드렸지? 얘야, 암논도 네 오라비이니, 지금은 아무 말도 입 밖에 내지 말아라. 이 일로 너무 근심하지 말아라." 그리하여 다말은 그의 오라버니 압살롬의 집에서 처량하게 지냈다.

_____

_____

6. 느헤미야 1:3~4

　　그들이 나에게 대답하였다. "사로잡혀 오지 않고 그 지방에 남은 사람들은, 거기에서 고생이 아주 심합니다. 업신여김을 받습니다. 예루살렘 성벽은 허물어지고, 성문들은 다 불에 탔습니다." 이 말을 듣고서, 나는 주저앉아서 울었다. 나는 슬픔에 잠긴 채로 며칠 동안 금식하면서, 하늘의 하나님께 기도하여"

　　_____

　　_____

7. 데살로니가전서 2:17

　　자매 여러분, 우리가 잠시 여러분을 떠난 것은 얼굴이요, 마음은 아닙니다. 우리는 얼굴을 마주하고 여러분을 볼 수 있기를 간절히 바라고 있습니다.

　　_____

　　_____

8. 예레미야 31:15

　　"나 주가 말한다. 라마에서 슬픈 소리가 들린다. 비통하게 울부짖는 소리가 들린다. 라헬이 자식을 잃고 울고 있다. 자식들이 없어졌으니, 위로를 받기조차 거절하는구나.

　　_____

　　_____

9. 사무엘상 1:26

한나가 엘리에게 말하였다. "제사장님, 나를 기억하시겠습니까? 내가, 주님께 기도를 드리려고 이 곳에 와서, 제사장님과 함께 서 있던 바로 그 여자입니다.

_____

_____

10. 시편 55:12-14

나를 비난하는 자가 차라리, 내 원수였다면, 내가 견딜 수 있었을 것이다. 나를 미워하는 자가 차라리, 자기가 나보다 잘났다고 자랑하는 내 원수였다면, 나는 그들을 피하여서 숨기라도 하였을 것이다. 그런데 나를 비난하는 자가 바로 너라니! 나를 미워하는 자가 바로, 내 동료, 내 친구, 내 가까운 벗이라니! 우리는 함께 두터운 우정을 나누며, 사람들과 어울려 하나님의 집을 드나들곤 하였다.

_____

_____

4과. 슬퍼하는 자를 돕는 법 81

실습: 상실감에 이름 붙이기

이 활동은 처음에는 혼자 하고, 후에 테이블 그룹과 나눌 수 있는 편안한 내용을 함께 이야기 한다.

당신의 인생에서 큰 이별이나 상실감은 준 것은 무엇이었는가? 그 목록을 여기에 적어보라.

1. _____
   _____

2. _____
   _____

3. _____
   _____

4. _____
   _____

개인적인 상실 목록을 만든 후에, 당신의 테이블 그룹과 나눌 수 있는 편안한 내용을 말하고 함께 기도할 수 있는 시간을 가지라.

슬픔의 증상들

우리가 중요하다고 생각하는 사람이나 어떤 것을 잃게 될 때 우리가 강력하게 느끼게 되는 **감정적인 고통이 슬픔**이다. 이것은 한 순간 우리에게 들어와서 우리의 삶을 강력하게 바꾸어 놓는다. 슬픔은 우리가 사랑했던 사람을 잃었거나, 우리가 중요하다고 생각하는 것을 잃은 뒤에 오는 정상적인 인간의 반응이다.

슬픔은 사람마다 혹은 문화마다 다르게 경험되거나 표현될 수 있다. 그러나 세상의 모든 사람들이 경험하는 공통적인 것이 있다.

이런 것을 포함 한다:

- 혼란스러운 사고와 집중력 약화.
- 불면증과 긴장감.
- 육체적, 정신적, 영적인 탈진과 마비.

슬픔은 두려움과 비슷하게 느껴진다. 사실, 과학자들은 두려움처럼 슬픔도 많은 육체적 변화를 동반하는 스트레스 반응이라는 것을 발견했다. 이 변화들은 종종 다음과 같다:

- 두뇌와 몸에서 스트레스 호르몬 수치 상승.
- 수면 패턴의 급변.
- 질병과 감염을 퇴치해 줄 면역체계의 약화.
- 식욕부진과 식사패턴의 변화.
- 심장박동수의 속도와 규칙성의 변화.
- 망상과 악몽.

우리에게 중요한 사람과 중요한 어떤 것의 상실은 삶을 뿌리 채 흔들어 놓는다. 삶이 더 이상 똑같을 수 없다. 우리도 더 이상 똑같지 않다. 세상은 더 이상 안전한 곳이 아니며 하나님의 능력, 사랑, 신실함에 대한 신뢰감도 변할 수 있다. 우리는 이런 질문으로 괴로워 할 것이다:

왜 이런 일이 일어났냐? 왜 하필 나냐?
이런 슬픔을 안고 어떻게 살아가나? 내가 살 가치가 있는가?
사랑 많고 전능하신 하나님께서 어떻게 이런 일이 일어나게 하셨는가?
하나님은 그 때 어디 계셨고 지금은 어디 계시는가?

주변에 이런 깊은 슬픔 가운데 빠진 사람이 있다는 것은 어려운 일이다. 그러나 그들은 어느 때보다도 우리의 사랑과 지지가 필요한 사람들이다!

슬퍼하는 친구를 돕는 법

큰 슬픔과 이별을 경험한 사람과 함께 하는 것은 지치고 힘든 일이 맞다! 우리는 그들을 돕고 싶지만 어떻게 도와야 할지 종종 알지 못한다. 우리는 고통당하는 친구에게 옳은 말로 위로하고 싶다. 하지만 무슨 말을 해야 할지 잘 모르는 경우가 더 많다. 그래서 친구에게 더 멀리 떨어져 있거나 아무 말도 하지 않는다.

우리가 그들의 슬픔을 없애 주거나, 사랑하는 사람을 돌아오게 하거나, 그들의 상실감을 회복해 줄 수 있는 게 없다는 게 진실이다. 우리는 그들의 하나님과 고통에 대한 질문에 만족스런 답을 줄 수 없다. 조용히 듣고 그 슬픔이 표현되도록 하는 것은 어려운 일이다. 그러나 이것은 슬픔을 당한 사람에게 도움을 주는 일이다.

고통과 슬픔 중에 있는 사람들이 진실로 원하는 것은 백 마디 말보다 슬픔 중에서도 그들을 버리지 않을 친구들이다. 그들은 그들을 위해 피부로 느낄 수 있는 하나님 같은 사람이 필요하다. 그들은 그들의 고통 중에 예수님을 대신해서 그들에게 손을 내밀어 줄 수 있는 친구가 필요한 것이다.

슬픔과 이별로 인해 고통 받는 사람과 함께 있을 3가지 기본 원칙을 기억하는 것은 도움이 된다:

- 함께 하기.
- 긍휼한 마음 갖기.
- 잠잠하기.

내 친구가 고통 받고 있는 슬픔은 우리가 고쳐야 할 문제가 아니라는 것을 기억하는 것은 중요하다. **슬픔을 당하는 사람은 보통 문제해결을 필요로 하는 게 아니라 친구와 지지가 필요한 것이다.**

상당한 슬픔과 상실감을 경험했던 사람들은 **슬픔에 빠진 벗을 돕는 방법**으로 이런 제안들을 한다:

- 함께 하며 모습을 드러내라. 슬픔을 당한 사람과 조용히 기꺼이 함께 앉아 있으라.
- 들어라. 듣고 또 들어라. 인내심을 가지고 뭔가 조언이나 충고를 할려고 하지 말고 들어라.
- 답을 쉽게 내리지 말라. 성경을 인용하거나 영적인 대답을 주려고 할 때는 신중하라.
- 침묵을 받아 들여라. 슬퍼하는 사람이 대화를 이끌게 하라.
- 그녀가 울게 내버려 두라. 그녀에게 강하게 믿음을 지키라고 말하지 말라. 그녀가 자신의 눈물이 치유의 선물이며 믿음이 부족한 표시로 이해하지 않으며 울도록 하라.
- 실제적이고 구체적인 도움을 제공하라. 음식이나 물이나 다른 필수품

들이 그녀와 가족들에게 있는지 확인하라.
- 가정에 있는 아이들을 위로하고 돌봐 주어라. 비극을 경험하는 시간동안, 그들은 종종 간과될 수 있고 외롭거나 무서울 수도 있다. 그러나 어떻게 도움을 요청해야 하는지 알지 못한다.
- 정기적으로 그녀와 연락하고 다른 사람들도 방문하고 도움을 줄 수 있게 격려해 주라.
- 그녀 스스로 소망을 가질 수 없을 때, 그녀에게 용기를 주라. 그녀가 혼자 기도할 수 없을 때 그녀와 함께 기도하라.
- 슬픔을 경험하는 사람에게 보이는 성장과 용기의 모습을 격려하라.
- "이 경험을 통해서 무엇을 배우셨나요?"라고 질문하여 그녀가 당신을 가르치도록 하라.

실습: 말은 도움을 줄 수도, 상처를 줄 수도 있다.

큰 상실감을 경험한 당신이나 누군가의 시간을 생각해 보라. 도움이 되었던 다른 사람들의 말은 어떤 내용들이었나? **도움이 안 되었거나** 상처를 주었던 말들은 어떤 내용이었나? 그런 내용을 아래 목록에 만들어 보아라.

도움을 주었던 말들

1. _____
   _____

2. _____
   _____

3. _____
   _____

4. _____
   _____

도움 대신 상처가 되었던 말들

1. _____
   _____

2. _____
   _____

3. _____
   _____

4. _____
   _____

간호사이자 기독교 전문 상담가였던 레베카 하우더의 『슬픔의 본성』이라는 책에 슬픔을 당한 사람들이 전문가의 도움이 언제 필요한지를 알게 하는 가이드라인을 제공한다:

- 자해를 하거나 다른 사람을 해치려고 할 때
- 밤에 6시간 이하로 자거나 항상 피곤함을 호소할 때
- 일상의 필요를 돌보지 못 하고 지속적으로 몸무게가 감량될 때
- 가족과 친구들로부터 떨어져 있으려고 할 때
- 고통을 잊기 위해 약이나 알코올이나 음식이나 돈을 과하게 사용할 때
- 오랜 시간동안 삶에 압도당하는 느낌을 가질 때

변화된 상실감과 슬픔

슬픔은 고통스런 것이다. 그러나 중요한 과정이다. 우리가 슬퍼하지 않고 상실감이나 이별의 고통을 허락하지 않는다면 우리의 심장은 마비될 것이다. 우리의 심장이 고통에 대해 냉랭해 질 때, 우리는 다른 사람의 아픔과 고통에 대해서는 무감각해질 것이다.

많은 사람들이 슬퍼하는 대신 상실의 아픔을 둔하게 하는 많은 방법들이 있다. 이런 도움이 되지 않는 방법들은 다음과 같다:

- 계속 바쁘게 다니면서 이별과 상실의 아픔을 잊거나 느끼지 않게 함.
- 자신의 문제는 잊은 채 다른 사람의 문제나 고통에 치중함.
- 알코올이나 약물이나 과식을 통해 고통에 둔감해지려 함.
- 강박적인 쇼핑이나 과소비.
- 아들레날린이나 다른 호르몬 수치를 증가시킴으로 위험스런 일을 하거나 순간적인 흥분을 느끼려고 함.
- 아드레날린의 분비를 증가시키는 분노를 폭발시킴.
- 우울감에 사로잡혀서 삶으로부터 위축되고 아무런 감정의 변화를 갖지 않음.

상실과 슬픔의 경험을 통하여서 인생에서 새로운 영적인 깊이와 의미를 찾는 것은 가능한 일이다. 시편 119편 71절에서 저자는 **"고난받는 것이 내**

게 유익한 일이다. 하나님의 진리를 배울 수 있기 때문이다"라고 말했다. 크리스챤 작가 C.S 루이스는 결혼한 지 얼마 되지 않아 사랑하는 아내를 잃었다. 절망과 깊은 슬픔의 시간을 통과한 후에 그는 고통이란 "우리를 완벽하게 만드시는 하나님의 도구"라고 묘사했다. 크리스챤 신비주의자 노르위치의 줄리안은 그녀의 책 『신적 사랑의 계시』에서 "**당신의 기반에서 떨어져 나가는 그 순간이 하나님만이 당신이 의지할 전부이자 진정한 반석이라는 것을 발견하게 된다**"라고 썼다.

이것은 고통을 찬양하는 것이 아니라 우리의 삶의 상실과 슬픔을 통한 혼란이 인생의 우선순위를 다시 생각하게 하며 신앙을 성숙케 하고 하나님을 경험하게 하는 기회가 될 수 있다는 것을 알려 주고자 하는 것이다. 모든 것이 우리 주변에서 떨어져 나가고 어떻게 더 살아갈 수 있을까 암담할 때, 가끔 우리는 하나님의 부드러운 손길로 우리를 신실하게 붙들고 계시다는 것을 새롭게 알게 된다. 우리가 소중히 여기고 의지했던 모든 것이 흩어지고 사라지는 것을 발견할 때 우리의 진정한 힘의 근원과 터전이신 하나님은 변하지 않는다는 것을 발견할 수 있다.

비극, 트라우마 그리고 상실감이 이야기의 끝이 될 필요가 없다. 대신에 영적인 친구들의 도움으로 그 고통들은 새로운 삶으로의 초대장이 될 수 있다. 우리의 삶이 박살나고 깨질 때 우리는 새로운 방식으로 삶을 재조립할 수 있는 기회를 가지게 된다.

슬픔은 지구상에서의 남은 시간을 어떻게 보낼지를 결정할 수 있는 기회가 될 수 있으며 다른 사람을 더욱 긍휼이 여길 수 있는 유용한 슬픔이 될 수도 있는 것이다. 또한 일상의 아름다움을 보는 새로운 눈을 줄 수 있고 우리의 삶을 새로운 감사로 살아가도록 도울 수도 있다.

우리와 함께 할 수 있는 사랑하는 친구들과 신실한 교회가 있을 때 큰 상실감 뒤, 슬픔을 통해 배우는 것이 있게 되고 더 강한 사람이 될 수 있을 가능성이 훨씬 더 높아진다. 우리는 눈물이 풍성한 삶과 긍휼 많은 사역을 위한 에너지로 바뀔 수 있게 서로를 도와주어야 한다!

제4과의 중요개념 복습

1. 우리 모두 삶에서 상실감과 슬픔을 경험한다.
2. 하나님은 우리의 고통을 이해하시며 우리를 버리지 않으신다.
3. 우리는 고통당하여 슬픔 속에 있는 사람을 위해 예수님의 손과 얼굴이 되도록 부름 받았다.
4. 비극과 상실의 시간은 우리가 신앙에서 자라도록 도울 수 있으며 새로운 삶과 사역의 부르심이 될 수 있다.

결론

상당한 상실감과 깊은 슬픔을 경험했으나 믿음의 공동체에 속하지 않은 사람들이 이 시간을 어떻게 지낼지 상상하는 것은 힘든 일이다. 교회와 영적인 친구로서 우리는 고통을 당한 사람들과 함께 나눌 수 있는 강력한 힘과 경험들이 있다. 캐롤린의 목사, 메간 굳Meghan Good이 말하기를 **"우리 모두 악몽같은 밤은 몰아 내고 절망의 힘을 끌어 내릴 수 있다."** 라고 했다.

우리는 사랑의 동료애와 고통 속에서도 의미를 찾으며 고통보다 더 큰 소망을 주도록 도움을 주는 믿음을 나눌 수 있다. 하나님의 성령이 우리 각자를 끊임없이 치유하시고 변화시키셔서 우리가 풍성한 삶을 누리며 다른 사람들에게 하나님을 느낄 수 있게 하는 사람이 될 수 있게 하시기를.

기도:

당신을 하나님께서 축복하시고 돌보시기를 원하며
당신이 하나님처럼 느낄 수 있는 의지할 수 있는 사람이 항상 있길 원합니다.
당신이 긍휼한 마음의 선물을 다른 사람과 나누길 원하며,
당신에게 하나님께서 자비를 베푸시길 원합니다.
당신을 하나님의 부드러운 손으로 붙잡으시며 평화주시기를 원합니다. 아멘!

축복의 기도

당신이 하나님의 소중한 사랑받는 딸임을
깊이 깨달을 수 있게 축복하소서.

당신이 은사를 발견하고 치유사역의 부르심을 따를 때
마음에서 우러나는 기쁨을 느낄 수 있게 축복하소서

하나님께서 부드러운 긍휼로 당신을 축복하셔서
상처받은 모든 사람 안에서 예수님의 얼굴을 볼 수 있게 축복하소서

하나님께서 과거의 상처와 오늘 당신의 마음을
아프게 하는 모든 것들로부터 치유받도록 축복하소서
다른 사람을 돌볼 때, 쾌활한 심령과 지지하는 친구와
나를 붙드시는 성령님의 능력으로 축복하소서

당신이 우물가의 여인처럼
당신이 생명의 물로 치유되고 힘을 얻게 하소서.

당신의 눈물이 생명을 주는
긍휼과 다른 사람을 위한 사랑으로 변화되게 하소서.

하나님께서 당신이 사랑받고 있으며
다른 사람들에게 살아있는 축복으로 부르셨음을 확신하며 가게 하소서.
아멘

부록

스트레스레벨 측정을 위한 질문들

캐롤린 홀더리드 헤겐

감정적인 면:

- 평상시 보다 더 자주 웁니까? 평상시 보다 더 자주 목에 무엇인가 걸린 것 같은 느낌이 드나요?
- 더 자주 무기력하고 난감한 느낌을 느낍니까?
- 평상시 보다 압도되거나 부적절하다는 느낌을 갖습니까?
- 뭔가 집중하고 기억하는데 어려움을 경험합니까?
- 더 자주 귀찮아지고 좌절감을 느낍니까?
- 더 쉽게 화를 내나요? 화를 더 자주 폭발시키나요?
- 우울해지고 희망이 없다는 느낌을 느끼나요?
- 평소보다 더 염세적인 느낌이 드나요?
- 아무도 당신을 관심을 갖거나 이해하지 않는다는 느낌을 갖나요?
- 당신이 제대로 인정받지 못한다는 느낌을 더 크게 받나요?
- 잠을 훼방하는 꿈이나 악몽을 꾸나요?
- 유머 감각을 잃었나요? 덜 웃나요?
- 인생에서 즐거움을 덜 느끼나요?

신체적인 면:

- 당신의 식욕에 변화가 있었나요? 평상시와는 다르게 먹나요?
- 밤에 잠이 들거나 깊은 잠을 자는데 어려움을 겪고 있나요?
- 긴장을 푸는 데 어려움을 느끼고 있나요?
- 원인을 알 수 없는 두통이나 근육통을 갖고 있나요?
- 복통이나 잦은 설사를 경험하고 있나요?
- 긴장감을 나타내는, 이를 간다거나 다리를 흔든다거나 손가락을 계속 두들긴다든가 전에 하지 않던 행동을 하나요?
- 아무런 신체적 이유없이 심장이 심하게 뛰거나 더 빠르게 뛰거나 하나요?
- 평상시보다 더 자주 사고가 일어나나요?
- 너무 자주 피곤함을 느끼나요?
- 원인 모를 발진이 생기나요?
- 평소보다 자주 몽롱하거나 어지럽거나 창백해지는 것을 느끼나요?
- 이유없이 가뿐 숨을 쉬나요?
- 너무 과하게 예민하지 않나요? 전보다 더 쉽게 놀라지 않나요?

관계적인 면:

- 친구나 가족이나 동료들과 감정적으로 가깝게 여기지 않게 되었나요?
- 참을성이 없어지거나 너무 비판적이 되지 않았나요?
- 사랑하는 사람이나 동료들과 평소보다 더 자주 싸우나요?
- 평소보다 화가 나고 좌절하면서 말을 심하게 하나요?
- 평소보다 비판에 더 민감해졌나요?
- 평소보다 성적인 욕구나 관심이 상당히 낮아지거나 높아졌나요?
- 사람들을 더 많이 의심하게 되나요?
- 사람들이 평소보다 당신을 덜 지지하고 이해하는 것처럼 보이나요?
- 가족과 친구와 동료에게 참을성이 더 없어졌다고 느껴지나요?
- 사람들이 당신을 홀로 있게 놔두었으면 하는 바램이 더 증가되고 있나요? 아니면 평소보다 더 매달리고 있다고 생각되나요?
- 사람들이 감정적으로 당신을 버렸다는 느낌을 더 많이 갖나요?
- 너무 과도하게 민감해졌나요? 평소보다 더 쉽게 상처받고 있나요?

영적인 면:

- 하나님이 평소보다 더 멀리 계신 것처럼 느껴지나요?
- 하나님의 실재에 대해 평소보다 더 많은 질문을 하게 되나요?
- 당신을 버린 것으로 인해 하나님께 화가 나나요?
- 제대로 인정받지 못한 순교자처럼 느껴지나요?
- 삶의 의미에 대해 더 많은 질문을 하게 되나요?
- 당신의 영적인 생활에 대해 더 많이 절망하게 되나요?
- 남을 용서하는 것이 평소보다 더 어렵다고 느끼나요?
- 하나님과 다른 사람에게 비통한 느낌이 드나요?
- 기도하는 것이 평소보다 더 어렵게 느껴지나요?
- 과거에 비해 최근에 성경이나 다른 신앙서적에서 위로를 잘 받지 못하나요?
- 삶의 목적을 잃었다는 느낌을 받나요? 영적인 방향감각을 잃었다는 생각이 드나요?
- 영적인 신앙훈련이 당신을 전보다 평안하게 느끼게 해 주지 않나요?

외로움 다루기

메리 셜츠

우리 모두는 때때로 외로움을 느낀다. 우리가 외로울 때, 우리의 감정은 우리가 행동을 해야 할 필요가 있다는 메시지를 보낸다. 우리가 해야 할 행동은 감정적으로 다른 누군가와 연결되는 것이다. 우리가 외로울 때 다른 사람과 연결되는 것은 우리가 다쳤을 때 허리에다가 뜨거운 찜질을 하는 것만큼이나 중요한 일이다.

외로움은 혼자 있다는 것과는 다른 것이다. 혼자 있을 때 우리는 우리 자신을 회복시킬 수 있는 훌륭한 시간을 가질 수 있다. 혼자서 숲 속을 걷는다는 것은 우리 안에 있는 나 자신과 대화할 수 있는 시간이 되기도 하고 어떤 생각이 좀 더 명확해지고 단단해지는 것을 경험하는 시간이 되기도 한다. 어수선한 것들이 정리되면서 반짝이는 보석들을 발견하는 시간이 될 수 있다. 반면에, 우리가 군중 속에 있거나 가족들에게 둘러싸여 있을 때도 외로움을 느낄 수 있다. 외로움의 존재여부는 다른 사람들과의 친밀도에 달려 있는 것이다. **랜덤 하우스 대학 사전**은 외로움을 이렇게 정의한다: "**고독: 친구가 없음: 공감해 주거나 다정한 동료애나 관계의 결핍: 혼자 따로 떨어져 있음: 소외됨**"

인간으로서 우리는 태생적으로 사회적이다. 우리는 잘 안아 주지 않고, 사랑해 주지 않은 아기들이 잘 자라지 못 한다는 것을 예전부터 잘 알고 있었다. 나이가 든다고 해서 그 사랑에 대한 필요가 사라지는 것은 아니다. 우리는 지속적으로 사회적 상호작용과 다른 사람과의 신체적 접촉과 연결이 필요하다.

외로움을 다루는 중요한 양상 중의 하나는 혼자 있는 시간과 다른 사람과 교제하는 시간의 건강한 균형을 찾는 일이다. 한 쪽으로 너무 치우치게 되면 균형을 잃게 된다. 다른 사람들과 교제해야 할 필요가 있는 시간의 양은 사람마다 다양하다. 각 사람은 자신에게 좋은 균형점을 찾아야 할 필요가 있다. 같은 시간대라도 어떤 사람에게는 좋게 느껴지지 않을 수 있다는 것을 알아야 한다.

외로움을 느낄 때 스스로에게 던질 몇 가지 질문

1. 다른 사람과의 교제 빈도는 어느 정도가 가장 좋은가? 일주일에 한 번, 일주일에 세 번?
2. 나는 기꺼이 다른 사람들과 교제하기 위해 먼저 움직이는가, 아니면 다른 사람이 나에게 다가오길 기다리는가?
3. 알아가고 싶기는 하지만 먼저 다가가기는 힘든 사람은 누구인가?
4. 나는 정말로 다른 사람이 나를 알아가도록 할 의지가 있는가? 아니라면, 무엇이 두려운가?

외로워하는 사람을 도울 수 있는 조언들

1. 당신과 함께 걷자고 그녀를 초대하라. 사람들은 보통 활동하면서 이야기하는 것을 더 편하게 느낀다.
2. 그녀를 보았을 때 웃으면서 이름을 부르며 인사하라.
3. 그녀를 하나님이 만드신 사람으로 생각하라. 예수님께서 어떻게 그녀와 연결되어 있는지 사랑하시는지 스스로에게 질문하라.
4. 그녀에 대해 질문하라.
5. 그녀를 위해 기도하라.
6. 그녀가 좋아할 만한 사람을 소개해 주어라.
7. 그녀와 다른 몇 사람을 식사에 초대하라.
8. 당신이 참여할 계획이 있는, 그녀가 좋아할 만한 활동에 대해 알려주고 그녀와 함께 가자고 초대하라.
9. 즉시 당신의 친구들과 이야기하기 보다는 티타임이나 커피 마시는 시간동안 먼저 그녀에게 이야기 하라. 그리고 그녀를 친구에게 소개하라.
10. 그녀를 휴일동안 당신의 가족이나 친구들의 모임에 초대하라.
11. 당신이 가족을 위해 수프를 만들 때 그녀에게도 그 수프를 주라.
12. 그녀를 인정해 줄 수 있는 어떤 것에 대해 그녀를 칭찬하라.
13. 감성이 풍부해지는 무엇인가를 그녀에게 주라: 로션, 양초, 꽃 몇 송이
14. 당신이 외로울 때 무엇이 위로가 되었는지 생각해 보고, 그녀에게도 도움이 될 수 있을까 생각해 보라.
15. 교회에서 그녀가 혼자 앉아 있는 것을 본다면 그녀 옆에 앉을 것을 고려해 보라.

우울증 이해하기

로다 솅크 키너

우리 모두는 때때로 슬픈 감정을 갖는다. 이것은 정상이고 우리의 삶에서 실망감과 어려움을 느끼며 다루어야 하는 일부분이다. 몇 주나, 몇 달이 지나도 슬픈 감정이 사라지지 않는다면 그 사람은 우울증을 경험하는 것일 수도 있다. 이것은 개인적인 약함을 나타내는 표시가 아니다. 이런 우울증은 바란다고 없어지지 않고 억지로 없앨 수도 없다.

우울증을 느끼는 사람은 아마 이런 말들을 자주 할 것이다:
"나 계속 처지고 슬픈 마음이 오랜 시간 계속돼."
"잠을 잘 못 자겠어" 혹은 "나는 잠을 너무 많이 자."
"나는 하루 종일 먹어 혹은 마셔." 혹은 "나는 너무 슬퍼서 먹지도 못 했어. 살이 너무 빠지고 있어."
"나는 아침에 일찍 일어나고 싶지 않아."
"나는 어떤 것에도 집중할 수 없어."
"나는 가끔 그냥 죽고 싶어."
"나는 아무것도 느낄 수 없어.. 마비가 된 것 같애."
"사람들이 예전보다 나를 너무 힘들게 해."

"나는 더 이상 아무것도 즐겁지 않아."

"예전에 성관계를 즐겼는데 요즘에는 관심이 전혀 없어."

"요즘 내가 짐처럼 여겨져. 다른 사람들에게 내가 없는 게 더 나을 거야."

"아무도 나를 필요로 하는 것 같지 않아."

왜 어떤 사람들은 다른 사람들에 비해 더 많이 우울한가?

사람마다 신체적인 차이가 있는 것처럼, 사람마다 감정적으로 차이를 드러낸다. 어떤 사람들은 매우 예민한 성격을 가지고 있고 실망이나 상실감에 반응하는 것이 매우 힘들다는 것을 보게 된다. 출산이나 폐경기를 시작하는 일이나 깊은 상실감과 같은 일생에 있어서 중요한 변화들은 우울증을 유발할 수 있는 호르몬 변화를 일으킨다. 성적인 학대나 다른 트라우마도 우울증을 유발한다. 통계적으로 여성들이 남성들에 비해 더 자주 우울증을 경험하게 된다.

성경에 나오는 우울증의 예들 :

한나: 한나는 울면서 아무것도 먹지 않았다. 그녀는 깊은 괴로움에 빠져 주님께 기도하며 통렬하게 울부짖었다. 사무엘상 1:7-10

엘리야: 그는 "이것으로 충분합니다. 주님. 내 생명을 취하소서. 나는 내 조상들보다 더 낫지 못 합니다."라고 말하면서 주님께 죽여 달라고 요청했다. 그리고 누워서 로뎀나무 아래서 잠을 잤다. 보라. 천사가 그를 깨웠고 그에게 말하였다. "일어나서 먹으라." 열왕기상 19:4-5

다윗: 나는 고통가운데 있다. 내 몸이 고꾸라졌다. 나는 하루 종일 슬퍼했다.… 내 마음의 요동침으로 인해 울부짖었다. 시편 38:6,8

우울증으로 고통받는 사람을 돌보는 법 :

- 애정을 기울여 그녀의 이야기에 경청하고 판단하지 말라.
- 그녀가 상황의 진실을 이해하도록 도와주라.
- 좋은 음식을 먹고 잘 자고 운동을 하도록 격려하라.
- 그녀가 너무 우울해서 기도할 수 없음을 이해하면서 그녀를 위해 기도하라.
- 만약 그녀가 자해하거나 자살을 시도했다는 이야기를 하면 의사나 그녀를 위한 다른 도움을 물색하라.
- 우울증과 약물복용이 필요할 수 있다는 사실에 대해 의사와 이야기 하도록 격려하라.
- 만약 의사가 약을 권면하면 그녀가 우울증을 극복하기 위해 약물을 복용하는 것이 그녀의 믿음이 부족한 것을 의미하는 것이 아니라는 점에 확신을 주라.
- "지금 어떤 것에 압도되는지" 물어라. 만약 세탁, 장보기, 아이돌보기 같이 당신이 도와줄 수 있는 것이라면 그 일을 해 주라.

멘토의 중요성

여성이 여성을 멘토링하는 것은 보살핌에 있어서나 리더십에 있어서 은사를 계발하기 아주 좋은 모델이다. 우리는 종종 우리가 교회나 새로운 일자리에서 새로운 책임을 가지게 되면 멘토가 필요하다. 멘토는 또한 우리의 결혼 생활이나 자녀 양육에서 경험하는 어려움을 다룰 때도 도움을 줄 수 있다.

멘토는 누구인가?

멘토는 신뢰할 만한 안내자요, 조언자이며 친구로서 섬기는 사람이다. 멘토는 멘티가 배우고 자라길 원하는 분야에 대해 자신의 경험을 나눈다. 멘토들과 멘티들은 함께 이야기하고 기도하고 함께 할 무엇인가를 위해 만나는 시간을 정한다.

멘토링관계의 유형들:

- **다른 나잇대나 삶의 경험을 가진 여성들 사이의 우정은 멘토링 관계가 될 수 있다.** 40대 중반의 여성은 "나를 위한 여성 멘토가 있을지 종종 의문이 든다. 나는 강해 보이고 어떤 누구도 필요하지 않은 것처럼 보일 것이다. 그러나 현명한 나이 많은 여성들과 가까운 관계를 진실로 원하고 있다."라고 말했다.

한 젊은 엄마가 멘토를 원하는지 질문을 받았다. 그녀가 대답했다. "이미 자녀를 양육한 누군가를 나의 멘토로 이렇게 간절히 원할 줄 몰랐어요."

- **직장에서의 멘토링은 도움이 된다.** 자신의 사업을 시작하는 한 여인은 "내 가치를 나눌 수 있는 여성 롤모델이 있으면 좋겠다"라고 말했다.
- **교회 리더십에 있어서도 여성들이 서로 멘토가 될 수 있다.** 다양한 리더십 역할을 해 온 여성들은 우정과 지혜와 격려를 리더로 부름 받은 어린 여성들에게 제공해 줄 수 있다.

멘토를 찾는 방법 :

당신이 멘토를 찾고 싶다면 교회나 여성그룹의 리더에게 누가 좋은 멘토가 될 수 있을지 생각해 보자고 요청하라. 그리고 당신이든, 그 리더이든지, 그 여성에게 시간이 되고 멘토로 부름받았다고 생각하는지를 물어보라. 만약 그 여성이 동의한다면 당신이 함께하는 시간에 어떤 이야기에 집중하고 싶은지를 함께 이야기 하라.

멘토가 되는 방법 :

만약 당신이 멘토가 되고 싶다면 당신의 교회나 여성 그룹의 리더에게 말하고 당신의 의사를 알게 하라. 또한 당신은 멘토로서 어린 여성들에게 자신을 알려라. 담대하게 당신의 은사를 알리는 것을 두려워하지 말라!

성서의 멘토들

잠언 9:9 : "지혜로운 자여성에게 교훈을 주라. 그녀가 더 지혜로워 질 것이다: 의로운 자여성를 가르치라. 그녀의 배움이 성장할 것이다."

마리아가 자신의 평범하지 않은 임신기간 동안 **엘리자베스를 방문했다**. 그리고 두 여인은 서로를 지지해 주었다. 나오미와 룻은 멘토링 관계였으며 서로를 돌보아 주었다. 디도는 나이든 여성들이 롤모델로서 젊은 여성들에게 지혜를 주라고 격려했다.

모세는 여호수아가 다음 지도자가 되도록 **양육하고 훈련했다**. 다음 지도자를 위한 멘토링에 대해서 모세에게 배울 수 있는 교훈은 다음과 같다:

- 동료가 되면 함께 일하면서 배울 수 있도록 멘티를 초대한다. 모세가 여호수아와 함께 일했다. 출애굽기 24:13

- 멘티를 도울 수 있는 다른 사람들을 만날 기회를 제공해 주라. 모세는 여호수아를 하나님을 만나는 장소에 데리고 갔다. 출애굽기 32:17

- 멘티에게 독립적으로 자신의 은사를 계발할 수 있는 시간을 주라. 모세는 여호수아를 하나님과의 두 번째 만남에도 데리고 갔다: 그리고 떠나서 여호수아가 하나님과 독대할 수 있는 시간을 주었다. 출애굽기 33:11

- 그녀에 대해 배우고 들을 수 있게 하기 위하여 멘티에게 어려운 과제를 제공하라. 모세는 여호수아가 11명의 다른 이들과 함께 약속의 땅에 들어가서 그곳을 탐험할 과제를 주었다. 이것은 계획과 팀웍과 보고 등을 요구하는 일이다. 민수기 13:16

- 멘티에게 개인적으로나 공적으로나 긍정적인 확언을 주라. 모세는 공식적으로 여호수아를 임명했다. 신명기 31:7-8
- 리더십을 이양하라 그리고 새로운 지도자가 이끌 공간을 주기 위하여 빠져 있어라. 모세는 약속의 땅에 들어가지 않았다. 여호수아가 다음 지도자가 되었다.

멘토:
- 다른 사람들의 인격과 능력 속에 숨은 힘을 본다.
- 다른 사람의 부르심과 능력을 일깨우기 위한 자신감을 불러일으키는 질문을 하라.
- 그 사람의 진실과 상황을 반추하면서 꾸준히 "거울"을 비추어라.
- 불필요한 일에 "아니오"라고 말하는 것은 자신의 꿈에 대하여 "예"라고 말하는 것만큼 중요하다는 것을 인지하면서 "아니오"라고 말할 수 있는 힘을 갖도록 멘티를 도울 수 있다.
- 열정과 꿈을 격려하라, 그렇게 함으로 자신의 잠재력을 볼 수 있도록 돕게 된다.

하나의 씨앗이 숲을 이루는 것처럼, 멘토들은 한 사람의 삶을 양육함으로 그들이 많은 생명에게 영향력을 준다는 것을 깨닫게 된다.

―*Reflection of Nursing Leadership*의 "멘토링의 스피릿"에서 발췌